ARCHITEKT
S.HUBATSCH

Das Viertel unter dem Wienerwald

Natur- und Kulturlandschaft

Christoph Wagner / Text · Kurt-Michael Westermann / Photos

Das Viertel unter dem Wienerwald

Natur- und Kulturlandschaft

Mit einem Anhang von
Jürgen Ehrmann

Verlag Christian Brandstätter · Wien–München

Der Verlag dankt dem Land Niederösterreich, Abteilung für Kultur und Wissenschaft, für die Förderung des Werkes.

Die Deutsche Bibliothek - CIP-Einheitsaufnahme

Das **Viertel unter dem Wienerwald** : Natur- und Kulturlandschaft / Christoph Wagner. Mit Photogr. von Kurt-Michael Westermann. - Wien : Brandstätter, 1999
ISBN 3-85447-991-3

Für Familie Prenner

1. Auflage 1999

Die graphische Gestaltung des Werkes sowie der Entwurf des Schutzumschlages stammen von Kurt-Michael Westermann. Das Lektorat oblag Barbara Sternthal, die technische Betreuung Franz Hanns.
Die Reproduktion der Abbildungen erfolgte bei Grafo in Wien, der Druck bei Paul Sappl in Kufstein.

Die Karte „Niederösterreich" stammt vom Verlag Quirin Haslinger, Linz.

ISBN 3-85447-991-3

Christian Brandstätter Verlagsgesellschaft m.b.H.
A-1010 Wien, Schwarzenbergstraße 5
Telephon (+43-1) 514-05-0,
Telefax (+43-1) 514-05 231
E-Mail: books@cbv.co.at

Inhalt

Der Schutzumschlag zeigt die Südbahn (Wien-Venedig) am Semmering auf einem Viadukt des Karl Ritter von Ghega durch die Adlitzgräben, dessen Jahrhundertbauwerk inzwischen durch die UNESCO in die Weltkulturerbe-Liste aufgenommen wurde.

Das Vorsatzblatt zeigt die Fassade eines der vom Otto-Wagner-Schüler Sepp Hubatsch in der Franz-Keim-Gasse zu Maria Enzersdorf/Brunn am Gebirge errichteten Jugendstilhäuser.

Seite 4: Das Servitenkloster auf dem Mariahilfberg ist nicht nur ein Anziehungspunkt für fromme Wallfahrer. Hier werden im Sommer auch Musikmeisterkurse und Konzerte der „Cartusiana" abgehalten.

Seite 6/7: Die alten Auen entlang der Donau, seit 1996 Nationalpark, waren lange von der Energiewirtschaft und von Naturfreunden umkämpft.

Seite 8/9: Die „Bucklige Welt" beim Wechsel, dem Paß nahe Mönichkirchen, als Panoramastraße in die Steiermark.

Gewiß ist das „Viertel unter dem Wienerwald" ohne Wien undenkbar, und dennoch gehört Wien, zumindest verwaltungsmäßig gesehen, nicht dazu. Die Bundeshauptstadt – hier vom Wilhelminenberg aus betrachtet – hat vielmehr den Charakter eines Lochs in der Münze, das, wenn man es genau betrachtet, ebenfalls zur Münze gehört.

Seit über 850 Jahren bildet das Zisterzienserkloster Heiligenkreuz das kulturelle Zentrum des Wienerwalds: Im 12. Jh. von Markgraf Leopold III. gegründet, ist es bis heute vielbesuchter Ort im Landschaftsschutzgebiet südwestlich von Mödling.

Folgende Seite: Die von Karl Ritter von Ghega zwischen 1848 und 1854 erbaute Semmeringbahn war die erste Gebirgsbahn Europas und überwindet auf einer Strecke von 40 km für damalige Zeiten sensationelle 400 Höhenmeter. Einer der berühmtesten Abschnitte des mittlerweile zum „Weltkulturerbe" geadelten Meisterwerks der Ingenieurskunst ist die sogenannte „Kalte Rinne" über die Adlitzgräben.

DAS VIERTE VIERTEL

TOPOGRAPHISCHE BETRACHTUNGEN RUND UM EIN LOCH

Auf dem Lande sein und doch in der Stadt, gibt ein eigenes Gefühl, dem nichts so bald gleicht.
LUDWIG SPEIDEL, WIENER LANDSCHAFTEN

Kaum ein Bundesland läßt sich klarer gliedern als Niederösterreich. Teilt es sich doch sinnvollerweise in vier Viertel, die jeweils nach einem seiner hervorstechendsten Kultur- oder Landschaftsmerkmale benannt sind: das Waldviertel, das Weinviertel, das Mostviertel – und …

Spätestens an diesem Punkt gerät der Feuilletonist ins Stocken. Soll er wirklich – „… und das Industrieviertel" schreiben? Vor allem aber: Wird das Wort Industrieviertel der Landschaft, die es beschreibt, auch tatsächlich gerecht? Ein Industrieviertel, das seinen Namen verdient, definiert sich in seinen Fabrikshallen, Schloten, Arbeiterwohnblocks, Abwasserkanälen, Schienensträngen, Löschteichen und Zufahrtsstraßen. Man denkt an Manchester, Leeds oder Sheffield, vielleicht auch an Linz oder Donawitz. Aber würde Ihnen beim Stichwort Industrieviertel tatsächlich der Semmering, der Schneeberg, Gumpoldskirchen, Baden, die Bucklige Welt, das Wechselgebirge oder die Hainburger Au einfallen?

Nichts gegen die Industrie, die es in diesem Viertel (wie in den anderen) selbstverständlich auch gibt, und die sich mittlerweile von einer zunehmend umweltbewußten oder – was die zahlreichen Industriedenkmäler in dieser Landschaft betrifft – von einer durchaus achtunggebietenden archäologischen Seite zeigt.

Gewiß mag, wer Wien auf der Südautobahn oder mit der Südbahn verläßt und über Wiener Neustadt und Neunkirchen gen Süden fährt, mitunter den Eindruck haben, daß das Weichbild Wiens den Charakter einer größeren Industrieansiedlung hat. Sobald er seinen Blick jedoch von Südosten nach Nordwesten wendet, kann er denselben schon kurz nach der Wiener Stadtgrenze über einen viele Kilometer langen Weinberggürtel schweifen lassen, der durch nichts unterbrochen wird als von einigen der beschaulichsten Weinorte Österreichs.

Nur leider: Der Name Weinviertel ist schon anderweitig vergeben. Auch die vielen Mostheurigen in der Gegend zwischen Hoher Wand, Rax, Schneeberg und Peilstein können (und wollen) dem Mostviertel seinen Namen nicht streitig machen. Und da mag sich der Wienerwald noch so großflächig, naturbelassen und von allen Großstädtern als Naherholungsgebiet heiß geliebt, zwischen Donau und Schwechat erstrecken: Als Waldviertel wird man das Gebiet, von dem hier die Rede ist, wohl kaum jemals besingen dürfen.

Da böte sich schon eher der Name Wienviertel an. Immerhin ist das Tal des Wienflusses eine Kernregion jenes Gebiets, in dessen Mitte sich's die Stadt Wien so gemütlich eingerichtet hat wie der sprichwörtliche Hahn im Korb. Nahezu alles in diesem Viertel geht von Wien aus oder strebt auf Wien zu. Unser namenloses Viertel ist in seiner Geschichte stets Kornkammer, Naherholungsgebiet, Waidrevier, Weinreservoir und Schlachtfeld zugleich gewesen. Es bot Wien gleichermaßen Nahrung, wie es ihm als Bollwerk und Aufmarschzone – früher sagte man dazu als „Glacis" – diente. Nach Wien floß ein Großteil der Steuern,

und von Wien kam im Gegenzug eine Flut an Verordnungen und Gesetzen. Es gab also auch kaum Diskussionen darüber, daß das Niederösterreichische Landhaus und mit ihm der Sitz der Landesregierung sich nur in Wien befinden konnte, wo es freilich – und damit begann das Problem – stets im Schatten anderer, weil noch mächtigerer Körperschaften, Parlamente und Herrscherhäuser stand. Daß Wien die längste Zeit seiner Geschichte nicht in erster Linie Landeshauptstadt von Niederösterreich, sondern Reichshauptstadt und Kaiserresidenz war, tat dem Selbstbewußtsein der Niederösterreicher, auch wenn sie dieser Umstand mit Stolz erfüllte, nicht wirklich gut, zumal Wien sich auch im föderalistischen Österreich niemals als Hauptstadt Niederösterreichs, sondern vielmehr als eigenes Bundesland begriff – und noch immer begreift.

Das niederösterreichische Selbstbewußtsein hat seine Schrammen durch die noch rechtzeitig vor Ende des Jahrtausends erfolgte Ausrufung St. Pöltens zur Landeshauptstadt wieder einigermaßen ausgeheilt. Dem „vierten Viertel", das sich, unter Berufung auf historische Dokumente wie die *Topographia Austria inferioris* aus dem Jahre 1672 von Georg Matthäus Vischer, wenig eingängig und allzu sehr von Konskriptions- und Fiskusnotwendigkeiten motiviert, auch „Viertel unter dem Wienerwald" nannte, nutzte das freilich recht wenig. Es ist ein respektabler Torso mit einem Loch in der Mitte geblieben oder, etwas poetischer formuliert, ein goldener Ring, der nun einmal am Finger der Bundeshauptstadt steckt. Den Einwohnern des „vierten Viertels" bleibt allerdings dennoch ein Trost: Der Ring ist mit dem dazugehörigen Finger bereits so verwachsen, daß dieser ihn wohl nie mehr abstreifen können wird.

Seite 16/17: An der denkmalgeschützten Architektur der Semmeringstrecke hat sich seit ihrer Eröffnung nichts geändert. Lediglich die Zuggarnituren der Südbahn sind mittlerweile moderner geworden.

Seite 18/19: Schwechat verdankt seinen Ruf als „Mutter des Industrieviertels" nicht nur seinem Stellenwert in der Brauereigeschichte, sondern in neuerer Zeit auch dem Umstand, daß es Standort der großen Ölraffinerie der OMV ist.

Seite 20/21: Um ein Haar wäre die Stopfenreuther Au einem Stausee zum Opfer gefallen. Mittlerweile steht sie als Teil des Nationalparks Donauauen mitsamt ihrer seltenen Flora und Fauna unter strengstem Naturschutz.

1042 587-

N-20290

Krumbach in der Buckligen Welt ist nicht nur aristokratischer Standort eines luxuriösen Schloßhotels, sondern auch der Inbegriff „gutbürgerlicher" Sommerfrische.

SOMMERFRISCHE

DIE WIENER ALPEN ZWISCHEN DEM ERSTEN UND DEM NÄCHSTEN FIN DE SIÈCLE

Auf einer Blume, rot und brennend, saß ein Schmetterling, der ihren Honig sog und sich in seiner Wollust so vergaß, daß er vor mir nicht einmal weiter flog.

FRIEDRICH HEBBEL, EIN BILD AUS REICHENAU

Insel Felsenburg im Wolkenmeer

Schneeberge gibt es in Europa einige. Da findet man etwa den Krainer Schneeberg im Karst, den Großen Schneeberg an der Grenze von Böhmen, Mähren und Schlesien, den Schneeberg im Fichtelgebirge, den Hohen Schneeberg im böhmischen Elbsandsteingebirge, den Schneeberg bei Molsheim in den Vogesen und die auch „Ewiger Schneeberg“ genannte Übergossene Alm am Hochkönig. All diese Schneeberge verdanken ihren Namen der Tatsache, daß der Schnee auf ihren Gipfeln am längsten liegenbleibt.

So bricht auch am niederösterreichischen Schneeberg, von dem hier die Rede sein soll, alle Jahre wieder ein Hadern mit dem Wettergott aus, ob die Zahnradbahn, die bis knapp unter den Gipfel führt und von den Einheimischen liebevoll „Zacki“ genannt wird, zu Saisonbeginn am letzten Aprilwochenende auch wirklich fahrplangemäß die Talstation in Puchberg verläßt. Zuletzt dampfen die Lokomotiven in fast schon musealer Gemächlichkeit dann aber doch aus dem Bahnhof. Allerdings kann es schon passieren, daß eine massivere Schneewächte das „Fahrt aus“ vor dem Tunneleingang in der Gipfelregion oder bereits bei der Mittelstation Baumgartner bedeutet. Hier können sich die Reisenden vor dem weiteren Aufstieg auf Schusters Rappen noch mit den berühmten Riesenbuchteln stärken, während das von den beiden Theaterarchitekten Helmer und Fellner errichtete Berghaus Hochschneeberg mit dem Aufsperren noch zuwarten muß, bis der erste Zug tatsächlich den Gipfel erreicht.

Der Schneeberggipfel ist nämlich durch keine noch so kleine und krumme Forststraße erreichbar. Wer hier über keinen Hubschrauber verfügt (und wer außer der Bergrettung tut das schon?), der muß auf die nächste Eisenbahn warten. Tatsächlich ist der „König der norischen Alpen“, wie ihn Franz Grillparzer einmal genannt hat, eine recht einsame Felsenburg inmitten des Wolkenmeers, deren einziges Tor zur Welt die am 25. September 1897 eröffnete Zahnradbahn des Bahningenieurs Leo Arnoldi ist, die zwischen Tal- und Bergstation in rund fünfviertel Stunden stolze 1200 m überwindet. (Seit neuerdings auf dieser Strecke auch Dieselloks eingesetzt werden, geht es allerdings schon wesentlich schneller.)

Mit der Bahn kommen nicht nur die Besucher auf den Schneeberg, sondern vor allem auch das Wasser; im konkreten Fall: Mineralwasser. Obwohl der Schneeberg mitten im Einzugsgebiet der Wiener Hochquellenleitung gelegen ist, herrscht auf seinem Gipfel absoluter Wassermangel. Kein noch so kleiner Alpensee findet sich versteckt inmitten der grünen Matten zwischen dem 1550 m hohen Kuhschneeberg und dem 2076 m hohen Klosterwappen, kein Quell oder Bächlein rieselt aus dem Kalkgestein, das hier so porös ist, daß jegliche Flüssigkeit

Die Alm bei Miesenbach liegt inmitten einer Gegend, die nicht zufällig „Biedermeier-Region" genannt wird: Sie bildete auch den Lebensmittelpunkt des Biedermeier-Malers Friedrich Gauermann.

sofort vom Fels absorbiert wird und in tiefere Regionen absickert. Den Schneebergbewohnern – einer Handvoll von Gastronomen und Hüttenwirten – bleibt also nur die Möglichkeit, das Schmelz- und Regenwasser in Zisternen aufzufangen und als Nutzwasser zu verwenden. Der Rest kommt aus der Flasche, und die wiederum kommt, wie alles andere, was hier oben zum Überleben nötig ist, mit der Bahn.

Die „Schneebergwirtin" Ulrike Stastny entspricht dem Bild, das man sich gemeinhin von Hüttenwirtinnen hoch oben auf der Alm zu machen pflegt, auf überraschende Weise nicht. Als gelernte Sprachwissenschaftlerin ist die eher intellektuell als „almerisch" wirkende Vierzigjährige den Winter über auf linguistischen Kongressen unterwegs. Doch wenn sich die Schneezungen von den Almböden des 2076 m hohen Wiener Hausbergs allmählich zurückziehen und die tuckernde Zahnradbahn nicht mehr durch Schneeverwehungen am gemächlichen Aufstieg behindert wird, dann erliegt sie dem Zauber einer versunkenen Welt.

Gemeinsam mit ihrem Ehemann, einem studierten Volkswirtschaftler, und einer Handvoll Mitarbeitern führt sie dann den Sommer über jenes einsam im Gipfelschatten thronende Hotel Hochschneeberg, in dem schon weiland Kaiser Franz Joseph, nach dem „Aufstieg" mit einem eigens dafür angefertigten Salonwagen der Schneebergbahn, persönlich übernachtete, und das trotz eines unübersehbaren Umbaus in den fünfziger Jahren noch heute wie ein Mittelding aus Thomas Manns *Zauberberg* und Stephen Kings schön-schaurigem Horrorhotel aus *Shining* aussieht.

Hier oben in der Bergeinsamkeit tauscht Frau Dr. Stastny ihren Laptop gegen die Küchenschürze ein, um den zahlreichen Ausflugsgästen, die das romantische Bähnchen im Stundentakt ausspuckt, Gemsenbraten, Wildpastete oder die Hausspezialität, das Schneebergkrapferl, vorzusetzen: eine süße Sünde aus Brandteig, Preiselbeeren, Maronimasse, Schlagobers und einem „Gipfelkreuz" aus Schokoguß. Speis und Trank haben am Schneeberg nämlich Tradition, und zwar eine, die noch viel älter ist als die Schneebergbahn. Die erste „Table d'hôte", ein festliches Bergdiner mit mehreren Gängen, fand am Schneeberg im 1982 leider abgetragenen Baumgartnerhaus bereits im Jahre 1877 statt und war so

Als „König der norischen Alpen" wurde der 2076 m hohe Schneeberg schon von Franz Grillparzer bezeichnet. Zu seinen Füßen weidet nicht nur das von Feinschmeckern besonders geschätzte Schneeberg-Rind, auch Pferdeliebhaber finden hier ein echtes Reiterparadies vor.

Eine Villa am Semmering war schon um die Jahrhundertwende der Traum vieler Wiener Künstler. Der Maler Christian Ludwig Attersee hat sich diesen Traum erfüllt und verbringt einen Teil des Jahres im malerischen Garten der von ihm erworbenen Villa Alber aus dem Fin de siècle.

erfolgreich, daß man beschloß, sie ab diesem Datum vierteljährlich zu wiederholen. Bald wurden Hirn- oder Erbspüreesuppe, Wild- und Bratengerichte sowie Topfenknödel, Weinchaudeau und Mokka so populär, daß im Baumgartnerhaus jeden Sonntag eine Table d'hôte, nicht selten sogar mit Klavier- oder Streichquartettbegleitung, stattfand, bevor die Gesellschaft, die man bezeichnenderweise „die Tablemänner" nannte, berg- oder talwärts weiterzog.

„Am schönsten", sagt „Tablefrau" Ulrike Stastny verträumt, „sind die Nächte hier oben am Berg. Wenn sich in der Abenddämmerung die Gemsen bis knapp an die Hotelterrasse heranwagen und die Sonne hinter den Alpengipfeln untergeht, dann ist man der Gegenwart und dem urbanen Leben um Lichtjahre entrückt." Ulrike Stastny ist nicht die einzige und weiß Gott auch nicht die erste, die diese Erfahrung gemacht hat. Ihre Ahnenreihe ist ebenso lang wie prominent: Arthur Schnitzler, Peter Altenberg, Nikolaus Lenau, Carl Michael Ziehrer und Johann Nestroy zählen ebenso dazu wie Heimito von Doderer und Viktor Frankl, Oskar Kokoschka oder Josephine Baker.

Sie alle ließen sich von den drei Zauberbergen im Süden Wiens – dem Schneeberg, der Rax und dem Semmering – spätestens dann in ihren Bann schlagen, als die schon von Kaiser Karl VI. angelegte Fahrstraße über den Semmering 1854 um die erste Bergbahn Europas ergänzt wurde, die unmittelbar in hochalpine Regionen führte. Sie genossen es, wenn magische Landschaften mit alten Ritterburgen wie Seebenstein oder Grimmenstein wie von magischer Hand geführt an ihren Fenstern vorbeizogen. Und sie liebten es, sich in fashionablen Kurorten wie Reichenau an der Rax oder Puchberg am Schneeberg zu rekreieren oder in dem in luftige Höhen verpflanzten Konglomerat von Gründerzeitvillen und Nobelhotels, die – in diesem Lido der Lüfte – jenen des Salzkammerguts zum Verwechseln ähnlich sehen, in den Ortschaften Semmering oder Breitenau abzusteigen.

Wiens Salonberge: Eine originelle Bauernwelt für Städter

Es fällt nicht ganz leicht, sich diesen zartbraunen Schimmer von den Ansichtskarten und Porträts der

Eine Ballonfahrt über die Alpen beginnt oder endet im Osten fast zwangsläufig über dem Semmering (im Vordergrund sieht man deutlich die „Kalte Rinne“ der Semmeringbahn) oder dem Schneeberg, dessen charakteristische Silhouette im Hintergrund sichtbar ist.

Die am 25. September 1897 eröffnete Zahnradbahn des Bahningenieurs Leo Arnoldi wird von den Einheimischen liebevoll „Zacki“ genannt und überwindet die Höhendistanz von 1200 m zwischen Tal- und Bergstation in rund fünfviertel Stunden. Seit auf der Strecke auch funkelnagelneue Diesel-loks eingesetzt werden, geht es allerdings wesentlich schneller.

Fin de siècle-Welt wegzudenken, der in Chamois und Duplex-Druck ein ständiger Begleiter von Schnitzler-, Hofmannsthal- oder Altenberg-Biographien geworden ist. Sorgsam haben wir einen Schleier der Nostalgie zwischen uns und das Fin de siècle gelegt, den wir nur ungern lüften, weil dann vielleicht (allzu) schmerzhaft Gegenwärtiges zum Vorschein käme. Es ist halt auch viel bequemer, mit Schnitzlers Leutnant Gustl und Fräulein Else Kutschenfahrten durch lange Alleen zu unternehmen, oder mit den Hans Karl Bühls und Helene Altenwyls Hofmannsthalscher Provenienz in luftigen Laubsägestil-Saletteln Kaffee zu trinken, als dahinter die Modernität gnadenlos offengelegter Seelenlandschaften aufzuspüren. Man muß schon allerhand Abstraktionsvermögen besitzen, um in jene Zeitschichten vorzustoßen, in denen die mondäne

Schneewächten wie diese machen das Gebiet zwischen Rax, Hoher Wand und Semmering zum veritablen Wintersportparadies vor den Toren der Großstadt Wien.

In Rauchsalons wie diesem in Christian Ludwig Attersees Villa Alber am Semmering wurde schon vor hundert Jahren über Politik, Literatur und Kunst diskutiert.

Welt der Wiener „Salonberge" noch nicht, wie heute, zeitlos, sondern – für die damalige Zeit – durchaus zeitgemäß war. Zwischen Rax, Schneeberg und Semmering wurden, je nachdem, Theaterstücke und Romane geschrieben, Wirtstöchter verführt, Herzen gebrochen, Lungenödeme ausgeheilt – oder auch alles zugleich. Man frönte einer fast verzweifelten Lebenslust, als ahnte man bereits, daß all der Talmiglanz, mit dessen Schnörkeln und Zuckerguß man da allenthalben die Bergwelt überzog, nur von kurzer Dauer sein würde und das Ende kurz bevorstünde. Bevor es allerdings soweit war, wurde noch gelebt, geliebt und getanzt. Zu den Brennpunkten des gesellschaftlichen Lebens an der frischen Höhenluft zählten neben prachtvollen Villenbauten, wie der der Villa Wartholz, der Széchényi-Villa und des protzigen Rothschildschlosses Hinterleithen in Reichenau, der Villa Trautenfels bei Hirschwang, oder den prunkvollen Semmeringvillen wie dem Silberschlößl und den Villen Bittner, Bündsdorf, Leibenfrost, Alina oder Helmer, vor allem auch gastronomische Betriebe. Längst zur Legende wurde beispielsweise jener Thalhof in Reichenau, dessen Wirtin Olga Waissnix so schön Quadrille tanzen konnte, daß der junge Arzt Arthur Schnitzler in – unerfüllter – Liebe zu ihr entbrannte. Und neben dem – mittlerweile endlich wieder in Renovierung begriffenen – Südbahnhotel der Eisenbahngesellschaft Wien-Triest ist es vor allem das bis heute bestehende Grandhotel Panhans, das gottlob noch so manches von jenem Glanz abstrahlt, der es einst zu einem der bedeutendsten Hotels in der alten Donaumonarchie machte, in dem sich die alten Aristokraten mit den Nouveaux Riches ihrer Epoche ein repräsentables Stelldichein zu geben pflegten. Doch was war es, das sie anlockte, all diese Ringstraßenflüchtigen und Bratenrock-Bonvivants, all die Nachkommen von Ferdinand Raimunds „verschwenderischem" Herren von Flottwell mit ihren ererbten Fabriken und verspielten Vermögen, die Zuckerbarone und Geschäftemacher, die reichen Bankiers und ihre armen Verwandten, die jüdischen Intellektuellen, die alten Aristokraten und neuen Emporkömmlinge, die dandylike Ennuyierten und all die Schmetterlingssammler, Edelweißkletterer und Schusternagerlpflücker mit ihren Botanisiertrommeln und ihrem hybriden Interesse am Alltag des einfachen Bauernstandes?

Sie alle ahnten, daß hier oben, diesseits und jenseits der Baumgrenze etwas zu finden sei, was dem Geist der industrialisierten Welt allmählich zum Opfer fallen würde, und sie alle kamen, weil sie hier im Semmering-, Rax- und Schneeberggebiet noch zu finden hofften, was der Volkstumsforscher Arthur Halberstadt in seinem gleichnamigen, 1912 erschienenen Buch „eine originelle Bauernwelt" nannte, und zwar eine, der man sich bis an die Grenzen des Authentischen nähern konnte, ohne dabei wesentlich gewohnten Lebenskomfort einzubüßen.

„Geradezu mit Riesenschritten", räumt Halberstadt ein, „hat sich der eigentliche Semmering in den letzten Jahren entwickelt. Moderne Hotels und stilgerechte Villen sind entstanden, kunstvolle Höhenstraßen wurden nach allen Richtungen angelegt, und mit weitausschauender Überlegung hat man die nahen Hochwälder geschont. (...) Die Poesie der früheren Waldeinsamkeit ist freilich seit vielen Jahren geschwunden." Kein Wunder also, daß es den „andächtig und beschaulich genießenden Naturfreund" da über die Adlitzgräben hinweg ins Kobermann- und Kreuzberggebiet zog, auf dessen „Höhen ein noch urwüchsig erhaltenes Völkchen von Bergbauern lebt, dessen Wesen und Gebaren manche Schätze köstlicher Naturpoesie und bodenständiger Melodienwelt in sich bergen. Hier springt noch ein frischer Quell unverfälschten Bauerntums, und wer für die Regungen der bäuerlichen Psyche das richtige Verständnis besitzt, kann heute noch in diesen Gebieten kostbare Blüten echter Volkspoesie pflücken."

Dieses Bedürfnis besteht, weniger schwülstig formuliert, gewiß auch noch beim Semmering-Besucher von heute, der freilich, wenn er die Frage nach lebendig gebliebenem Brauchtum stellt, meist nur mit Hochglanz-Hotelprospekten, weichgezeichneten Ansichtskarten und alten Stichen bedacht wird, während lebensechte Äußerungen aus Volkes tiefster Seele rar geworden sind. Herr Halberstadt, schon damals ganz und gar Anwalt dieser „reinen Seele", war sich auch anno dazumal schon bewußt, was für dieselbe die allergrößte Bedrohung darstellte, und fand sie in der zunehmenden Überfremdung: „Mit dem Heiraten der städtischen Dienstmädchen – merkwürdigerweise sind es in der Regel die böhmischen Köchinnen der Sommerfrischler – kommt ein fremdes Element in die Bauernschaft,

Oben: Das sogenannte „Polleros-Häuschen" vor der Villa Alber gilt als ältestes Bauwerk des früher nur von Almböden bedeckten Semmering.

Unten: Die Bauweise der berühmten Semmering-Villen erinnert an deren Pendants im Salzkammergut und gilt als charakteristisch für die Epoche des Fin de siècle.

Mit ihrer schloßartigen Villa in Reichenau wollte sich die Familie Rothschild nicht nur ein standesgemäßes Anwesen in feinster Gegend schaffen, sondern auch gegenüber dem – benachbarten – österreichischen Kaiserhaus dokumentieren, daß der damalige Finanzadel durchaus in der Lage war, die Prunkentfaltung der Herren der Donaumonarchie bei weitem zu übertreffen.

Die Sonne als „Mondsichel". Am 11. August 1999, um 11.40 Uhr, war sie im Wienerneustädter Becken total verfinstert – ein Jahrhundertereignis.

das nicht gerade immer geeignet ist, sich mit dem Bauernblute zu vermischen. Ich will damit nicht etwa sagen, daß alle städtischen Dienstboten für das bäuerliche Leben unbrauchbar sind. Aber für das Bauernthum erwächst hiedurch kein Vorteil." In anderen Worten und mit anderen Beteiligten hört man derlei xenophobe Theorien leider auch heutzutage noch.

Auf dem Weg zum nächsten Fin de siècle

Nach dem Stahlgewitter des Ersten Weltkriegs wurde der mondänen, mitunter ein wenig selbstverliebten und jedenfalls aus der Mode gekommenen Gebirgs-Gesellschaft der spiegelblank geputzte Parkettboden der Belle Époque-Ballsäle und Art déco-Salons dann jäh unter den Füßen weggezogen. Was

Das düster-romantische Tal der Schwarza trägt den Namen „Höllental“ nicht ohne gewisse Berechtigung.

sich darunter auftat, war ein gähnender Abgrund an Bedeutungslosigkeit, die nur noch von UFA und Wien-Film zu immer anämischeren blauen Blutkonserven verarbeitet wurde. Statt der großen Welt kamen allenfalls noch ein paar Wandervögel und Pensionisten auf den einst so fashionablen „Balkon von Wien“, die Grandhotels verfielen, die Salons wurden zu Jausenstationen, nur auf den seinerzeit von Karl Ritter von Ghega erbauten Bahnsträngen konnten Südbahnpassagiere die pittoreske Kunstlandschaft einer verloren geglaubten Epoche noch immer in luxuriösem Cinemascope und in Farben vor ihren Fenstern vorbeiziehen lassen, die noch besser als jene von Technicolor waren. Allein: Zauberberge scheinen es an sich zu haben, daß sie sich nicht so einfach wegzaubern lassen. Plötzlich fand sich – man schrieb wohl schon die achtziger Jahre – eine neue Generation, die dem bröckelnden Charme der Jahrhundertwende wieder etwas abgewinnen konnte und die welke Landschaft mit soviel jugendlichem Elan neu für sich entdeckte, wie ihn diesem vom Selbstmitleid gebeutelten Landstrich kaum noch jemand zugetraut hätte. Plötzlich begann sich allenthalben neue Initiative zu regen. Man kurt und spielt wieder Golf auf dem Semmering, oder man zerschneidet mit der im Panhans geleasten Harley-Davidson die gute Luft. Gerade dieses bereits vom Verfall bedrohte Hotel Panhans, ehemals die gastronomische Perle des Semmering, wurde zur Keimzelle des „neuen Semmering“. Nach einem Umbau und der Abtrennung eines Traktes für eine mittlerweile international angesehene Hotelfachschule wurde die alte Hoteltante unter der umsichtigen Leitung des Langzeit-Direktors Eduard Aberham wieder stadtfein gemacht. Der vervige Hotelmanager hat sich inzwischen durch vielfältigste Aktivitäten zur Rettung seiner Heimat-Tourismusregion als „guter Mensch vom Semmering“ einen Namen gemacht und wurde, nachdem er das Panhans Mitte der Achtziger als internationales Luxus-, Seminar- und Gourmethotel wiedereröffnete, sogar zum „Hotelier des Jahres“ gewählt. Der „Sickereffekt“, den seine Bemühungen um das Hotel für die ganze Region nach sich zogen, ließ nicht allzulange auf sich warten: Aus alten Konditoreien wurden plötzlich Feinschmeckerlokale wie das vielfach ausgezeichnete Hotel Wagner mit seiner leichten, umweltbewußten Küche. Selbst das alte Südbahnhotel,

Sommerzeit ist in der Buckligen Welt stets auch Oldtimerzeit. Das jährliche Schaurennen, das die „tollkühnen Kisten" über den Wechsel führt, zählt zu den Höhepunkten der touristischen Saison und zieht nicht nur in Aspang-Markt zahlreiche Schaulustige in seinen Bann.

Oben: Neben der traditionellen Almwirtschaft hat die Schafzucht – hier in der Gegend rund um Payerbach – im Gebiet zwischen Rax und Semmering gerade in den letzten beiden Jahrzehnten einen gehörigen Aufschwung erlebt.

Unten: An der Mittelstation Baumgartner kann nicht nur die alte Zahnradbahn auf den Schneeberg kurz „verschnaufen". Auch die Gäste steigen hier gerne ein paar Minuten aus und stärken sich mit den berühmten Riesenbuchteln und einem Großen Braunen.

das jahrzehntelang nur von einem wild kläffenden Wachhund bewohnt zu sein schien, während der einstmals kaisergelbe Verputz der historisierenden Zinnen- und Türmchenarchitektur zunehmend abbröckelte, wird soeben wieder flottgemacht, und schon demnächst soll hier ein internationales Gesundheitshotel für allerhöchste Ansprüche entstehen.

Spätestens seit die Hirschenkogel-Abfahrt – unter Wiener Schifahrern schon längst so etwas wie ein alpinsportlicher Geheimtip „vor der Haustür" – vom Weltcup-Zirkus für eine Damenabfahrt entdeckt wurde, strömen immer mehr junge Menschen auf den Semmering, beleben die Bars und Restaurants und lassen beinahe vergessen, welch lange Durststrecke zwischen dem Semmering des Fin de siècle und jenem der bevorstehenden Jahrtausendwende zurückgelegt werden mußte. Die Anerkennung der Semmeringbahn als „Weltkulturerbe" durch die UNESCO hat schließlich dazu beigetragen, daß man am Semmering wieder voll Zuversicht in die Zukunft blickt und nicht einmal den umstrittenen Bau des neuen Semmering-Basis-Tunnels wirklich fürchtet, auch wenn Ghegas kühnes „Eisenbahnwunder" dadurch wohl oder übel endgültig zu einem Museumsbähnchen abgewertet werden wird, das freilich – so hofft man – Touristen und Eisenbahnnostalgiker aus aller Welt anziehen könnte. Doch nicht nur in luftiger Höh', auch unten im Tal hat sich allerlei verändert. Reichenau, der k.u.k. Kurort am Fuße der Raxalpe, deren 2007 m hohen Gipfel man in nur zehn Minuten bequem mit einer Seilbahn erreicht, ist ebenfalls aus einem langen Dornröschenschlaf erwacht und wieder zu den geworden, was er schon einmal gewesen ist: eine alpine Expositur der Wiener Kunst- und Kulturszene. Der Luftkurort, der einst die Eingangspforte zu einem der bevorzugten Jagdreviere Kaiser Franz Josephs war, hat seit 1988 wieder eine neue, international beachtete Attraktion: die fast durchwegs mit Schauspielern des Wiener Burgtheaters und der Josefstadt bestückten Sommerfestspiele im liebevoll revitalisierten Reichenauer Theater. Berühmte Namen wie Robert Meyer, Otto Schenk, Bibiane Zeller, Regina Fritsch oder Ulrike Beimpold garantieren hochkarätige Aufführungen von Stücken, die fast für Reichenau geschrieben worden zu sein scheinen. Von altösterreichischem Wortwitz blitzende Nestroypossen

Das Grandhotel Panhans am Semmering – hier mit Blick ins Steirische – strahlt heute noch so manches von jenem Glanz aus, der es einst zu einem der bedeutendsten Hotels in der alten Donaumonarchie machte, in dem sich die alten Aristokraten mit den Nouveaux Riches ihrer Epoche ein repräsentables Stelldichein zu geben pflegten.

„Auf der Wiesen“ – so der beziehungsvolle Name dieser idyllischen Ortschaft nahe Prigglitz – rüstet man zum alljährlichen Sonnwendfest, bei dem nach Einbruch der Dunkelheit nicht nur die Heuhaufen, sondern auch die altheidnische Figur des „Sonnwendhansels“ in lodernden Flammen aufgehen werden. Es sei denn, man benötigt sie weiterhin als ebenso dekorative wie nützliche Vogelscheuchen …

„Glucksender Bach" lautet die wortgetreue Übersetzung des Namens Glocniza aus dem Slawischen – Gloggnitz ist wohl um einiges geläufiger. Im Bild Schloß Gloggnitz, ursprünglich eine stattliche Probstei. Doch von der mittelalterlichen Anlage ist längst nichts mehr zu bemerken, denn das Schloß in seiner heutigen Form ist durchweg barock.

stehen ebenso auf dem Programm wie Schnitzlers zartbittere Salonstücke oder Lesungen aus Werken des ehemaligen Reichenau-Bewunderers Heimito von Doderer. Die weltberühmte Pianistin Elisabeth Leonskaja spielt hier Franz Schubert, und seit 1995 führt der neu gegründete „Musiksommer Reichenau" die musikalische Tradition mit erlesenen Kammermusikkonzerten und einer internationalen Sommerakademie fort.

Von gänzlich anderem Zuschnitt ist der verträumte Kurort Puchberg am Schneeberg, der früher nach seinem französischen Pendant auch gern „das niederösterreichische Chamonix" genannt wurde, und den man nach einer Fahrt durch das malerische Sierningtal erreicht, in dem bereits die unter Feinschmeckern so beliebten „Schneeberg-Rinder" weiden. Im Zentrum des Kurorts lädt ein künstlich angelegter Teich unweit der Zahnradbahnstation zum Schifferlfahren ein. Große Wendemanöver können die Hochgebirgskapitäne dabei aus Platzmangel nicht durchführen; doch wem die Kunstnatur zu eng ist, für den hält die umliegende Naturnatur, um noch einmal mit Schnitzler (und nicht, wie mittlerweile manche glauben, mit Niederösterreichs Werbetextern) zu sprechen, ein um so „weiteres Land" bereit.

Künstler begegnen Künstlern: Mysterientheatermacher Hermann Nitsch nimmt die hölzerne Kuh seines Kollegen Paul Feichter auf dem Gut Gasteil des Künstlerpaares Johannes und Charlotte Seidl in Prigglitz in Augenschein. Für seine Zwecke scheint das blutleere Kunstwerk unter der überdimensionalen Käseglocke jedoch kaum brauchbar zu sein …

Seite 42/43: Vor dem beleuchteten Viadukt der „Kleinen Rinne" wurde anläßlich der Erhebung der Semmeringbahn zum Weltkulturerbe im Dezember 1998 ein Festzelt für eine feierliche Zeremonie errichtet, vor dem das UNESCO-Logo aus brennenden Fackeln zusamengesetzt wurde. Der Wettergott meinte es an diesem Festtag allerdings mit der „Weltkultur" nicht besonders gut – und ließ es in Strömen regnen.

Seite 44/45: Die Burgruine Klamm ist der reizvolle architektonische Blickfang inmitten der ansonsten fast völlig naturbelassenen Landschaft der Adlitzgräben zwischen Gloggnitz und Breitenstein.

Der nur 60 km von Wien entfernte Naturpark Hohe Wand ist ein 20 km² umfassendes Hochplateau, das man über eine wildromantische Mautstraße erreicht. Auf einer Seehöhe zwischen 460 und 1135 m erschließt sich ein unerschöpfliches Familienwandergebiet mit einem Wildgehege sowie einer ganzen Murmeltierkolonie.

Stadtflucht

Von geheimen und erwanderten Paradiesen

Du im Traum
Geh nur zu!
Rauschebaum,
Lindenruh;
Landstraß' auf,
Landstraß' ab,
Wolkenlauf,
Wandertrab.
Josef Weinheber, Wienerwald

Zwischen Buckliger Welt und Hoher Wand

Die Troika der Zauberberge Schneeberg, Rax und Semmering wirft lange Schatten, in deren Dunkel manche landschaftlichen Preziosen leider unter ihrem Wert geschlagen werden. Am deutlichsten ist dies gewiß bei der sogenannten „Buckligen Welt" der Fall, die unter Freunden wirklich naturbelassener Landschaften daher mit einigem Recht immer noch als „verschlafen", freundlicher formuliert: als echter Geheimtip gilt.

Der südlichste Zipfel Niederösterreichs ist ein Prototyp des sanften Tourismus, in dem man sich mancherorts noch ebenso mühsam wie kommunikationsfördernd bei den Einheimischen durchfragen muß, um zuletzt dann doch noch eine hübsche Frühstückspension zu finden. Auch Fischliebhaber, ob Angler oder Gourmets, kommen gerne in diese verwunschene Region, weil sie sich an den klaren Wassern des Tiefenbachs ebensowenig satt sehen können wie an den darin herumscharwenzelnden Forellen, die man vor allem in den sieben vom kalten Bachwasser gespeisten Teichen der Familie Buchegger findet. Sie unterhält hier eine weithin gerühmte Forellenzucht und bietet ihren wunderbaren Fischfang auch im gemütlichen Krumbacher Familiengasthaus an. Wo die Bucklige Welt beginnt und wo sie endet, ist nicht ganz leicht auszumachen, da es in dieser Gegend Niederösterreichs fast überall Buckeln gibt, deren höchsten – den 900 m hohen Hutwisch – man allein schon deshalb aufsuchen sollte, um die Ottokar-Kernstockwarte zu besteigen. Hier kann man sich dann, windumtost, wie auf der Brücke eines Schiffes fühlen, das die gekräuselten Wellen einer ständig in Bewegung zu sein scheinenden Landschaft durchmißt.

Man erreicht dieses kleine Paradies am besten über die Südautobahn – und zwar Abfahrt Krumbach oder Aspang – und kann zunächst gar nicht genug bekommen von den vielen kleinen Bauerndörfern und Kirchweilern, in denen die Zeit ebenso stillzustehen scheint wie in den großen und kleinen Burgen und Burgruinen von Seebenstein bis Grimmenstein. So still wie es scheint, hat sich die Zeit hier allerdings gar nicht verhalten. Während der Türkenkriege muß es hier sogar auf ziemlich unbequeme Weise spannend zugegangen sein – wovon heute noch die zahlreichen Wehrkirchen der Region zeugen. Und im Glockenturm des Kirchschlager Gotteshauses erinnert ein in einem Zwischengeschoß eingebauter Backofen bis heute daran, daß in Kirchen wie dieser keineswegs nur gebetet, sondern auch gelebt wurde, wenn sie den Bauern des Umlands als wehrhafte Zufluchtsstätten dienen mußten. Die – zahlreichen – Attraktionen der Buckligen Welt erschließen sich einem eben nicht auf den er-

Um viele der schroffen Felswände, welche die alte Aspangbahn zu beiden Seiten säumen, ranken sich romantische Legenden – wie jene vom „Türkensturz" –, die freilich nicht immer ganz für bare Münze genommen werden dürfen.

sten Blick. Dabei sind sie oft alles andere als unspektakulär. Man denke etwa an das weithin sichtbar die Landschaft überragende und erst in den Neunzigern zu einem luxuriösen Hotel umgebaute Schloß Krumbach oder den weit über die Grenzen Niederösterreichs bekannten Kurort Bad Schönau mit seinem Gesundheitszentrum für Durchblutungsstörungen, Herz-, Kreislauf- und Gefäßerkrankungen. Nicht zuletzt findet man im Herzen der Buckellandschaft auch das niederösterreichische Oberammergau, nämlich die Passionsspielgemeinde Kirchschlag, die im Schatten einer alten Burgruine an einem der schönsten Punkte dieser zwar kleinen und buckligen, aber in keiner Weise altersschwachen Welt liegt, in der die große Welt – wie nahezu überall in diesem südlichsten Winkel Niederösterreichs – von Jahr zu Jahr lieber einkehrt.

Die stolze Burg Seebenstein wacht heute nicht mehr über Ritterheere, sondern über die Benützer der Südautobahn, die zu ihren Füßen vorbeiführt. Das Anwesen beherbergt eine bedeutende Kunstsammlung der Fürsten Liechtenstein.

Die Region Süd-Alpin, wie die Fremdenverkehrsmanager sie ein wenig unromantisch getauft haben, hat aber nicht nur einen „Tiefen Süden", sondern auch ihr Ostkap, wie das Wechselgebiet immer wieder genannt wurde, das der Philosoph Ludwig Wittgenstein wohl nicht zufällig zu seiner Wahlheimat gemacht hat. Im Gegensatz zu dessen *Tractatus logico-philosophicus* hat die Landschaft jedoch gar nichts Trocken-Akademisches und schon gar nichts Mathematisches an sich, selbst wenn sie sich in der Vielfalt ihrer unterschiedlichsten Ausformungen durchaus einer gewissen Geometrie befleißigen mag. Tatsächlich lädt das Land rund um den 1743 m hohen Hochwechsel mit seinen saftig-grünen Wiesen und schattigen Waldungen, blauen Heidelbeermeeren, leise dahinplätschernden Forellenbächen und alten Mühlen, mit seiner von Fledermäusen be-

129
130
131
132

völkerten Hermannshöhle und den blumengeschmückten Ortschaften Kirchberg und St. Corona jedoch weniger zu logistischen Diskursen als vielmehr zu Kontemplation, Meditation und Erholung ein. Ähnlich wie die benachbarte Bucklige Welt ist auch das Wechselgebiet ein Land des sanften, von jeglicher grellen Hektik befreiten Tourismus, in dem keineswegs nur Philosophen wirklich zu sich selbst finden können. Eine nicht minder kontemplative Landschaft, die ganz einfache Wanderer ebenso in ihren Bann zu schlagen vermag wie peripatetisch veranlagte, plaudernde Spaziergänger, findet man am überraschend ebenen Hochplateau auf der Hohen Wand. Wer erst einmal die Seehöhendifferenz von 460 auf 1135 m überwunden hat, was sich auf der serpentinenförmigen Mautstraße relativ leicht und mit grandioser Aussicht bewerkstelligen läßt, der betritt im nur 60 km von Wien entfernten Naturpark Hohe Wand ein äußerst kommodes, 20 km^2 messendes Hochplateau, in dem man sich als echter Gebirgler fühlen kann, ohne dabei unnötig ins Schwitzen oder Stolpern zu kommen. Vielmehr eröffnet sich ein schier unabschreitbares Familienwandergebiet mit einem Wildgehege, in dem sich Hirsch und Mufflon ebenso tummeln wie Alpensteinböcke, Auer- und Birkwild, und wo sich, als wäre man hoch oben am Großglockner, eine ganze Murmeltierkolonie angesiedelt hat. Volkskundlich Interessierte können am alten Kohlenmeiler sowie in der Kalkbrennerei einen Blick in die Energieversorgung des vorindustriellen Zeitalters riskieren. Und all jene, denen die Wanderwege denn doch allzu eben sind, dürfen auf Klettersteigen unterschiedlichster Schwierigkeitsstufen auch ihr bergsteigerisches Können erproben.

Von der Hohen Wand ist es schließlich nicht mehr weit in den Hauptort der Region, nach Wiener Neustadt, jener niederösterreichischen Stadtgemeinde, die wegen der unmittelbaren Nähe und Konkurrenz vielleicht am meisten unter dem langen Schatten Wiens zu leiden hat und daher bis heute als „fad" gilt. Dabei ist die 1194 vom Babenbergerherzog Leopold V. gegründete Flachland-Metropole am

Während der habsburgischen Herrschaft entstand das Industrieviertel. „Von oben" sorgte man aber auch für die kleinen Paradiese, die das arbeitende Volk loyal hielten: Zum Beispiel mit dem 1871–1873 errichteten Thermalbad in Bad Fischau.

In Wiesmath, einem Dorf südlich von Wiener Neustadt, bewacht der hl. Florian eine der Wehrkirchen der Buckligen Welt.

Alpenrand allein schon wegen ihres intakten mittelalterlichen Stadtbildes einen Abstecher wert. In der viertürmigen Burganlage ist die von Kaiserin Maria Theresia gegründete „Theresianische Militärakademie" untergebracht. Und – kleines Kuriosum am Rande – Kaiser Maximilian, der letzte Ritter, liegt nicht, wie viele meinen, in seinem prunkvollen Grabmal in der Innsbrucker Hofkirche, sondern, was allgemein kaum bekannt ist, unter den Stufen der Wiener Neustädter Burgkapelle begraben. Was Wiener Neustadt letztlich doch noch, ebenso wie das vielbeneidete Wien, zu einer echten „Kaiserstadt" macht.

Wallfährten

Die Säule ist schon einigermaßen verwittert und liegt, für jedermann sichtbar, gegenüber dem alten Hunyadi-Schloß, direkt im Ortskern von Maria Enzersdorf. Sie heißt auch Schiffersäule und ist eine sogenannte Lichtsäule, wie sie den Menschen früher als geistliche Wegmarkung und Haltegriff für die Seele diente. Tatsächlich steht man vor dem aus Untersberger Marmor gehauenen ältesten Wallfahrerdenkmal, das heute noch die Via Sacra, die Wallfahrerroute von Wien nach Mariazell, säumt.
Als stets auch politische und kirchenpolitische Wallfahrt strahlte Mariazell sein Charisma weit über die nördliche Steiermark aus und hat im Laufe seiner langen Geschichte immer weiter an Bedeutung gewonnen. Immerhin erwählten es die Habsburger zu ihrer persönlichen „Hauswallfahrt", und es war kein Geringerer als Kaiser Ferdinand III. selbst, der 1644 den Grundstein zur heutigen Wallfahrtsbasilika legen ließ – das gläubige Volk folgte seinem Herrschergeschlecht, wie in so vielem, auch auf diesem Wallfahrtsweg und machte die Route Wien-Mariazell zu einem der meistbegangenen Fußwege Niederösterreichs. Mittlerweile ist von einem Fußweg freilich keine Rede mehr, und auch das Wallfahren hat sich von seinem spirituellen Grundgedanken, wo es heute noch praktiziert wird, immer mehr zu einem Fitneßlauf, einer Mutprobe (was sie zwischen all den vorbeizischenden Lkws und sonstigen Rasern tatsächlich ist) oder einer wohlfeilen, weil nicht besonders kostspieligen Einlösungsmöglichkeit für Gelübde jeglicher, durchaus auch säkularer Art entwickelt. Die letzte prominente Mariazell-

Das barocke Hunyadi-Schloß ist eines der schönsten Baudenkmäler von Maria Enzersdorf, jenem Wallfahrtsort vor den Toren Wiens, der ursprünglich „Engelschalkesdorf" genannt wurde und an dem die Pilger auf der Via Sacra nach Mariazell gewöhnlich ihre erste Rast einlegten.

Oben: Die am Beginn des Piestingtales gelegene Ortschaft Waldegg ist eine Hochburg der „Industriearchäologie". Schon 1820 gründete hier der Württemberger Severin Zugmayer ein Metallwarenwerk sowie eines der ersten österreichischen Kupferwalzwerke. Den Grundstock des industriellen Aufschwungs bildete ein Eisen- und Kupferhammerwerk, dessen „Welische Hammer" bis 1928 in Betrieb waren.

Unten: Vom Wahrzeichen der Marktgemeinde Pitten, der 1731 barockisierten Pfarrkirche auf dem Schloßberg, aus kann man bis zur Hohen Wand, zur Rax, zum Schneeberg und zum Semmering blicken. Sehenswert ist hier auch die alte Felsenkirche mit ihrem Freskenschatz aus dem 11. Jh.

Wallfahrerin beispielsweise gehörte keineswegs einem Kaiser- oder Fürstenhaus an, sondern war die sozialdemokratische EU-Staatssekretärin Brigitte Ederer, die für den Fall eines positiven Ergebnisses der Volksabstimmung über den Beitritt zur Europäischen Union „gelobt" hatte und mit über 66% Pro-Stimmen auf eine für EU-Skeptiker tatsächlich wundersame Weise erhört wurde. Sie rüstete sich also folgsam zur Wallfahrt entlang der Via Sacra und reihte sich damit in die lange Liste jener prominenten Wallfahrer ein, zu denen nicht nur sämtliche Habsburgerherrscher seit Ferdinand III., sondern auch alle großen Adelsfamilien, der Wiener Stadtheilige Klemens Maria Hofbauer, die meisten christlich-sozialen Politiker von Lueger bis Seipel, aber auch Künstler wie Ferdinand Raimund oder Nikolaus Lenau zählen. Die Via Sacra beginnt traditionell am Wiener Karlsplatz und führt, vorbei am alten Paulanerkloster im dritten Bezirk, zunächst auf den Wienerberg, wo sich mit der gotischen „Spinnerin am Kreuz" das erste große Sakraldenkmal entlang der Wallfahrerfährte befindet, das allerdings nicht zur Erbauung frommer Pilger, sondern als südliche Grenze des Wiener Burgfrieds sowie letzte geistliche Rast für jene zum Tod Verurteilten erbaut worden war, die auf der benachbarten Hinrichtungsstätte vom Priester an den Henker übergeben wurden. Über Brunn am Gebirge gelangt man in den ersten Wallfahrtsort an der Via Sacra, nach Maria Enzersdorf, in dessen Friedhof neben dem hl. Klemens Maria Hofbauer auch der romantische Dichter und Rompilger Zacharias Werner begraben liegt, was dem alten Gottesacker auch den schönen Beinamen „Romantikerfriedhof" eingetragen hat. Für aufgeklärte Wallfahrer sind die Jugendstil-Häuser, die der Otto-Wagner-Schüler Sepp Hubatsch im angrenzenden Brunn am Gebirge in der Franz-Keim-Gasse errichtet hat, allerdings mindestens ebenso eine kleine „Pilgerrast" wert.

Hinter Maria Enzersdorf tritt der Pilger, auf dem Weg nach Gaaden, in dessen mittlerweile abgerissenem Stiftsgasthaus Ex-Pilger Ferdinand Raimund seinen *Verschwender* vollendete, erstmals tatsächlich in den Wienerwald ein. Der erste geistliche Höhepunkt der Pilgerreise ist nun nicht mehr weit. Das 1133 von Leopold dem Heiligen gestiftete Zisterzienserkloster Heiligenkreuz ist mit seiner zwischen Romanik und Gotik eingebetteten zisterziensischen

Zauberhaft und verwunschen wie die Landschaften sind auch die Phantasien der Künstler dieser Lande. Wie in vielen Orten, so spielt man auch in Gutenstein im Piestingtal jeden Sommer Theater, und zwar vor der barocken Schloßfassade. Hier ist es Ferdinand Raimunds „Diamant des Geisterkönigs", der reale Welten und Zauberreiche märchenhaft verwebt.

Das Tal zwischen Mithmannsdorf und Winzendorf am Fuße der Hohen Wand wird von den Einheimischen auch gerne als „Neue Welt“ bezeichnet.

Architektur nicht nur ein kunsthistorisches Juwel von Weltrang, sondern auch eine Pilgerstätte, die nicht nur zur größten nördlich der Alpen zu findenden Reliquie vom Kreuz Jesu, sondern vor allem auch zu den Gräbern der Babenbergerherzöge Leopold IV., Leopold V., Friedrich I. und Friedrich II. in der Annakapelle führt.

Ein „Wallfahrtsort“ ganz anderer Art ist Schloß Mayerling, das ebenfalls an der Via Sacra liegt und Schauplatz der berühmten „Tragödie von Mayerling“ war, in deren Verlauf sich Kronprinz Rudolf mit seiner in Heiligenkreuz bestatteten, damals erst siebzehnjährigen Geliebten Mary Vetsera das Leben nahm. Da sich unter den Via-Sacra-Wallfahrern immer noch auffallend viele Monarchisten und Aristo-Schaulustige befinden, braucht sich Schloß Mayerling mitsamt Gedenkkapelle und Sterbezimmer

Eine alte Puch müßte man haben: Oldtimer-Bewunderer in Aspang-Markt.

über mangelndes Interesse von seiten der Wallfahrer bis heute nicht zu beklagen.

Über die Lourdes-Grotte von Maria Raisenmarkt und die – aus sakraler Sicht – weniger bedeutende, aber deshalb um nichts weniger romantische Allander Tropfsteinhöhle gelangt man schließlich zu einem der populärsten Gnadenorte entlang der Via Sacra, zu der majestätisch über dem Nöstacher Hochplateau thronenden barocken Wallfahrtskirche Unsere Liebe Frau am Hafnerberg, einem von mehreren Beispielen dafür, daß Teile der Via Sacra auch als „Kleine niederösterreichische Barockstraße“ bekannt sind. Die Höhenstraße, die hier heraufführt, heißt mit Recht auch „kleiner Semmering“, und jeder, der sie einmal, wandernd oder wallfahrtend, erklommen hat, weiß warum. Von luftiger Höh’ geht es nunmehr hinab ins tiefe, wildromantische Triestingtal nach Altenmarkt mit seinen stattlichen alten Wallfahrer-Einkehrgasthöfen (immerhin ernährte die Wallfahrt entlang der Via Sacra nicht wenige Wirte und tut es zum Teil noch heute), bevor man nach Kleinmariazell gelangt, eine von Kaiser Josef II. aufgelassene und von der russischen Besatzung nach dem Zweiten Weltkrieg ziemlich arg ramponierte ehemalige Benediktinerabtei, die gleichwohl über eine heute noch achtunggebietende romanische Pfeilerbasilika mit üppigem barocken Freskenschmuck verfügt. Auf Kronprinz Rudolfs erklärtem Lieblingsberg, dem 890 m hohen Schöpfl, verläßt die Via Sacra das Triestingtal mitsamt dem Wienerwald und führt, vorbei an zahlreichen Kornelkirschbäumen, welche die Grundlage für den nicht nur von Wallfahrern geschätzten „Dirndlschnaps" bilden, über die verfallene mittelalterliche Araburg hinüber nach Hainfeld im Traisental. Von hier aus verläuft die alte Pilgerstraße, nunmehr schon im Einzugsbereich der niederösterreichischen Eisenwurzen und des Ötscherlands, durch Traisen, Lilienfeld, Freiland, Türnitz, Annaberg, Joachimsberg und Mitterbach am Erlaufsee, wo sie die niederösterreichisch-steirische Grenze überquert, direkt zur „Magna Mater Austriae" nach Mariazell.

Die alte Burgruine Klamm in den Adlitzgräben ist eines der beliebtesten Ausflugsziele in der Semmering-Region.

Seite 60/61: Überall finden sich schöne, aber verborgene Panoramastraßen – so auch hier in der Buckligen Welt bei Annaberg.

Seite 62/63: Gumpoldskirchen, der wohl bekannteste Weinbauort an der Südbahn-„Weinstraße", verdankt seinen Namen Gumpold, einem von drei Söhnen des Markgrafen Leopold I. In den zahlreichen Lesehöfen aus Gotik und Renaissance verkostet man beim „Heurigen" die kraftvollen Weine aus den autochthonen Sorten Zierfandler und Rotgipfler.

Die Heurigenwirtschaften Gumpoldskirchens bestechen nicht nur durch kräftige und charaktervolle Weine, sondern auch durch die sehenswerte Architektur ihrer Gewölbe und Innenhöfe.

WASSER UND WEIN

VOM THERMENLAND UND SEINEN ESSENZEN

Der Mond glänzt in der Himmelsschale
Gleich einem Tropfen gold'nen Weins,
es tanzt mit silberner Sandale
ein Stern im Rausche seines Scheins.
ALFONS PETZOLD, MONDNACHT BEI MÖDLING

Eine wohltemperierte Landschaft

Wer von Mödling spricht, der denkt zunächst an den Wiener Nahverkehr, vielleicht auch noch an den Husarentempel, möglicherweise an Beethovens *Mödlinger Tänze* und vielleicht sogar an Arnold Schönberg und Anton Wildgans, die beide hier lebten. Aber wer denkt schon an Erdfaltungen und Beckeneinbrüche? Dabei ist Mödling für Geologen eine Schlüsselstelle zum Verständnis der niederösterreichischen Erdkunde. Es liegt nämlich genau an der Zonengrenze, ab welcher der Wienerwald jäh zum Wiener Becken abfällt und sich mit jener Landschaft vereint, in der noch einige der warmen Quellen des Urmeers aus dem Boden sprudeln. Tatsächlich wurde der heutige Donauraum nämlich vor rund 25 Millionen Jahren von einer Meeresstraße durchmessen, an deren Gestaden sich Krokodile, Seekühe und andere vorzeitliche Bewohner dieses einst subtropischen Raums tummelten, von dem uns heute noch zahlreiche Fossilien, Korallenriffe und Muschelkalkfelsen als maritime „Souvenirs" geblieben sind.
Als das sogenannte „Wiener Meer" dann allmählich versiegte und die Gebirgszüge sich durch zahlreiche tektonische Veränderungen im Lauf von Jahrmillionen auseinanderzufalten begannen, brachen zahlreiche Becken ein, was wiederum zum Entstehen von Bruchlinien führte. Wo sich solche Bruchlinien kreuzten, dort kam es schließlich zur Entstehung jener Quellen, die dem Land an den südlichen Ausläufern des Wienerwalds nach dem Rückzug der Meere ihren Namen verliehen haben: die Thermen. Diese aus einer Tiefe von 600 m an die Oberfläche sprudelnden Wasser zeichnen sich durch einen besonders hohen Gehalt an Mineralstoffen und Spurenelementen, aber auch durch Radioaktivität und eine Wärme aus, die in etwa der menschlichen Körpertemperatur entspricht und bis zu 38,8°C erreichen kann.
Die berühmtesten dieser Schwefelthermen sprudeln mit ihren Hydrosulfit-Ionen und zum Teil freien Schwefelwasserstoffen in Baden aus der Tiefe. Doch es gibt auch etwas „einfachere" Quellen, deren Heilwirkung ebenso außer Streit steht – etwa die sogenannten Akratothermen, die Bad Fischau zum Kurort machten, die Quellen von Bad Vöslau oder aber auch die kohlensäurehaltigen Wasser des bereits in der Buckligen Welt gelegenen Kurorts Bad Schönau, dessen „Aquae" sich als erdalkalisch-sulfatische Eisen-Säuerlinge vorzugsweise gegen Herz-Kreislauferkrankungen empfehlen. Im vorigen Jahrhundert, als sich die heilsamen Wirkungen von Thermalquellen ebenso rasch herumsprachen wie deren noch heilsamere Wirkung auf den damals erst in Mode kommenden Fremdenverkehr, brach im Süden von Wien eine regelrechte Bäderhysterie aus. Hinter jedem Bächlein vermutete man Heilwasser, und so beschloß 1852 auch der Weinort Perchtoldsdorf,

Oben: Die alte Stiftskirche von Perchtoldsdorf ist heute vor allem als Hochzeitskirche beliebt und wegen ihrer feierlichen Atmosphäre immer wieder Aufführungsort von Sakralmusik.

Unten: In Gumpoldskirchen wechseln einander ausgelassene Weinfeste und lauschige Idyllen ab.

künftighin ein Bad sein zu wollen. Immerhin konnte man auf eine bereits aus dem frühen vierzehnten Jahrhundert stammende, mittelalterliche Badestube verweisen, und es gab auch einen alten „Blutegelteich", der schon früher für medizinische Zwecke verwendet worden war und den man kurzerhand zur „Kalt- und Schwimmbadeanstalt" ausbaute. Es gab aber auch eine tatsächlich nach Schwefel riechende Quelle in der Hochstraße, und in der Wienergasse nützte man immerhin die Möglichkeit, die leicht schwefelhaltigen Wasser des Petersbachs für Wannenbäder aufzufangen, die man, um den Charakter eines Kurbads noch weiter zu unterstreichen, mit Kiefernnadelextrakt verbesserte und als Kurheilmittel gegen Bronchitis anbot. Die Perchtoldsdorfer Bädergeschichte ist zwar nach dem Zweiten Weltkrieg eher still und ruhmlos zu Ende gegangen, doch die Thermenlinie hat sich mittlerweile als eine in jeder Hinsicht wohltemperierte Landschaft erwiesen.

Daß auf ihr ein besonderer Segen ruht, beweist sie nicht nur durch nachhaltig sprudelnde Heilquellen, sondern auch durch die nicht minder erwähnenswerte Tatsache, daß sich aus demselben Erdreich alljährlich ein regelrechter Weinsee von hoher Qualität ergießt. Die ersten, die sowohl die Segnungen der Quellen als auch jene des an den sanft geschwungenen Wienerwald-Hängen gekelterten Weines für sich entdeckten, waren, wie so oft, wo Gesundheit und Wein sich ein Stelldichein geben, die fast schon sprichwörtlichen alten Römer.

Der Trost der Legionäre

Zur Zeit Kaiser Mark Aurels nach Vindobona versetzt zu werden, war für einen römischen Legionär etwa gleichbedeutend wie später die einem k.u.k. Offizier angedrohte Einberufung in eine galizische Garnison. Hier oben am vom Limes abgeriegelten Nordrand des Imperiums war es kalt, unwirtlich und überdies gefährlich. Es mangelte allenthalben an Komfort, und so mag die Entdeckung der fünfzehn warmen Quellen in Baden für römische Offiziere von anno dazumal wenigstens einen Hauch von jenem Luxus in ihr fernes Exil gebracht haben, den sie von ihren prächtigen Thermenanlagen im alten Rom gewohnt waren. Die für den Straßenbau zuständigen römischen Beamten dürften für ihre

Die Heiligensäule am Hauptplatz von Perchtoldsdorf gehört mit ihren barocken Geländerfiguren zu den charakteristischen Kunstdenkmälern inmitten eines weitgehend intakten alten Stadtbilds.

Das am Stadtrand von Baden zwischen den Ruinen Rauheneck und Rauhenstein verlaufende Helenental wurde im 19. Jh. von „Ruinenbaumeistern" künstlich zu einer historisierenden Landschaft stilisiert.

Soldaten in fernen Landen jedoch ein Herz gehabt haben. Denn obwohl der Verlauf römischer Straßen ansonsten streng strategischen Überlegungen und topographischen Notwendigkeiten folgte, legten sie die Straße von Carnuntum nach Aquileja ohne jeden zwingenden militärischen Grund mit einer Schleife über „Aquae" – das heutige Baden, zu dem mittlerweile auch die benachbarten Bäderorte Gutenbrunn, Leesdorf und Weikersdorf gehören – an, die einen erheblichen Umweg bedeutete, aber dafür direkt an den heißen Quellen vorbeiführte.
Kaiser Mark Aurel, der nicht nur einer der römischen „Soldatenkaiser", sondern auch ein Philosoph und Schriftsteller war, hat in seinem Reisehandbuch, den Aufzeichnungen der *Itinerarium Antonini,* sogar die genaue Distanz zwischen dem Castrum in Vindobona und den Schwefelquellen in Aquae vermerkt und diese Entfernung mit 18000 Schritten angegeben. Es dürfte sich dabei allerdings um Doppelschritte gehandelt haben, da die kleinwüchsigen Römer, um mit einer Schrittlänge von 1,30 m von Wien nach Baden zu kommen, wohl tatsächlich die sprichwörtlichen Siebenmeilenstiefel hätten anlegen müssen. Andererseits waren die läppischen 26 km für die marschiergewohnten Römer nicht einmal ein Tagesmarsch, den man für die Bequemlichkeit eines Bades in den heißen Quellen dazumal nicht nur gerne auf sich nahm, sondern der die Kur gleich doppelt heilsam machte. Schließlich haben die alten Römer trotz ihres bekannten Wahlspruchs „Mens sana in corpore sano" (ein gesunder Geist in einem gesunden Körper) an ganz ähnlichen Zivilisationskrankheiten laboriert wie auch wir heutzutage, und da konnte ein wenig zusätzliche Bewegung gewiß nicht schaden.

Von Fledermäusen und Weichselbäumen

Wie Mödling ist auch Baden eine Stadt, die durch ihre Lage vor den Toren Wiens schon bald viele Künstler, aber auch Sommerfrischler und Ausflügler anzog. Doch so schön das Kaiserwetter und so frisch die vielbesungene „Luft vom Wienerwald" hier draußen vor der Stadt auch sein mag, so verdankt der fashionable Kurort doch einen Großteil seines Ruhms den fünfzehn Schwefelthermen, die am Fuße des Hausbergs Anninger tief aus der Erde sprudeln. Wer heute durch die großzügig

Moden mögen sich ändern, die Bretter, die die Welt bedeuten, bleiben jedoch letztlich immer dieselben: Die Fassade des vor allem für seine Operettenaufführungen berühmten Badener Stadttheaters hat sich schon in vielen Schaufenstern gespiegelt.

angelegten Kur-Avenuen und Villenzeilen Badens bummelt, kann sich kaum noch vorstellen, daß Baden zur Zeit der Türkenkriege von Stadtmauern umgeben war. Die einzige Erinnerung an diese Zeit besteht in einem letzten Mauerrest in der Pfarrgasse, dem sogenannten „Lumpentürl", durch welches früher angeblich die stillen, aber wohl vor allem auch die lauteren Zecher schlüpften, die in den billigen Schenken vor der Stadt den Torschluß verpaßt hatten und sich das nach Einbruch der Dunkelheit fällige „Sperrsechserl" sparen wollten. Heute ist Baden zwar immer noch ein Weinort, an die feuchtfröhlichen Zeiten des alten „Lumpentürls" erinnert jedoch nur noch die gleichnamige Gebietsmarke, unter der das Badener Hauerkollegium einen regionstypischen Qualitätswein der Sorte Neuburger vermarktet.

Daß in Baden die „Lumpen" allmählich ausstarben, liegt nicht nur am zunehmend strengeren Regime der Kurärzte, die sich in Baden niederließen, um hier die Wohlstandskrankheiten der besseren Wiener Gesellschaft auszukurieren (schon Konstanze Mozart kurte in Baden, und an Ludwig van Beethoven, der in der Rathausgasse 10 den größten Teil seiner „Neunten" komponierte, erinnert heute noch der spektakuläre Beethoven-Pavillon im Kurpark), es lag vor allem auch daran, daß sich hier zu Beginn des 19. Jahrhunderts auch das Kaiserhaus mit all seinen Sbirren vormärzlichen Spitzel- und Geheimagententums niederließ. Ein Hauch des Imperialen ist auch heute noch zu spüren, denn immerhin hat das österreichische Kaiserhaus in den Jahren 1804 bis 1834 – die nachmalige Salzkammergut-Residenz Bad Ischl war damals noch ein wildes Gebirgsnest – Sommer für Sommer in Baden zugebracht und wußte dabei große Teile des Hofstaats an seiner Seite. Dem dazumal herrschenden Zeitgeist des Biedermeier ist in Baden noch heute vieles verpflichtet, nicht zuletzt die üppig gedeihende Badener Gartenarchitektur: Allein im wunderschönen alten Rosarium wachsen an die 800 verschiedene Rosensorten. Doch während die Rosen im Baden von heute allgegenwärtig sind, ist eine andere Pflanze, die man früher mit Baden verband wie die Wachau mit der Marille, mittlerweile völlig in Vergessenheit geraten: Badener Weichseln galten in der alten Donaumonarchie, bis schließlich die letzten Weichselkulturen im Jahr 1925 abgeholzt wurden, als beste ihrer Art, und wer einen Badener Weichsellikör oder Weichselschnaps in der Kristallkaraffe hatte, der konnte sich glücklich preisen. Die weithin bekannten Badener Weichselholzdrechsler verwendeten das widerstandsfähige Weichselholz noch in den verrückten Zwanzigern auch zur Herstellung von Zigarettenspitzen, die damals unter den Damen von Welt in den Salons des Villenvororts Baden der „Dernier cri" waren. Die Weichselholzdrechsler sind ebenso ausgestorben wie die Salons. Doch letzteren hat man immerhin ein unverwüstliches Denkmal gesetzt. Ganz und gar nicht zufällig ist Baden nämlich Schauplatz der *Fledermaus*, mit der Johann Strauß Sohn das „Goldene Operettenzeitalter" gekrönt hat. Strauß-Walzer liegen bis heute nicht nur im Kurpark, in den Kurkonditoreien und Kurcafés in der Luft, die Musik der „Sträuße" wird auch im revitalisierten alten Kurtheater, in den traditionellen Kurkonzerten und auch noch andernorts in dieser in vieler Hinsicht operettenselig gebliebenen Stadt immer wieder mit neuem Leben erfüllt.

Fast so berühmt wie die *Fledermaus* ist freilich auch das alte Wienerlied *Ich kenn' ein kleines Wegerl durchs Helenental, das ist für alte Ehepaare viel zu schmal.* Dieser Text geht auf ein Stück altes Baden zurück. Das vielzitierte (und mittlerweile gar nicht mehr so schmale) Wegerl führt vom Stadtrand weg durch ein romantisches, von den Burgruinen Rauhenstein und Rauheneck flankiertes V-Tal mitten in den Wienerwald, der hier am Beethovenbankerl, in der „Einöde" oder rund ums Jägerhaus so ruhig und beschaulich ist, daß man gut daran tut, das Auto stehenzulassen und auf Schusters Rappen oder das Fahrrad umzusteigen. Es sei denn, man zieht es vor, in dieser verzaubert-unwirklichen Landschaft eine Stunde lang Tourist zu spielen und mit einem Fiaker durch den Laubwald zu kutschieren.

Die „gar nie gefrierenden" Wasser von Bad Vöslau

Es ist noch gar nicht so lange her, daß jemand, der von Vöslauer sprach, selbstverständlich den hier gekelterten Rotwein meinte, der zu den edelsten und teuersten Kreszenzen der Donaumonarchie und daher auch zu den „Hausweinen" an Kaiser Franz Josephs Tafel zählte. Mittlerweile hat das in Bad Vöslau inmitten eines 45000 m² großen Quellschutzgebiets mit einer Temperatur von 23°C aus 600 m Tiefe sprudelnde Mineralwasser den Wein an Popularität zumindest eingeholt. Die Quelle im Schatten der luftigen Föhrenwälder, die den Kurort im Norden säumen und ihm ein fast südlich-mediterranes Flair verleihen, blieb, wie jene von Baden, den römischen Legionären keinesfalls verborgen, doch es dauerte anderthalb Jahrtausende, bis „die Kraft der Erde", um einen der vielen gängigen Vöslauer-Slogans zu zitieren, auch den Menschen der Neuzeit wieder bewußt wurde, die dann in der ersten Begeisterung – vielleicht etwas vorschnell – den Werbeslogan „Vöslauer wirkt Wunder" prägten. Erst 1766 kündet die erste „Baderegelung" davon, daß sich wieder mehr Menschen der Heilkraft des „Wassers mit dem Schwefelschwanz" besannen, das man bis dahin eher als übelriechenden Begleiter

Die Kurabteilung ist das Herzstück des prachtvollen Biedermeierhotels Sauerhof in Baden. Zur Erinnerung an die ersten Kurgäste der Quellenstadt, die damals noch „Aquae" hieß, wurde der Badetrakt im Stil der Römerzeit errichtet.

Lesen oder noch eine Woche reifen lassen? – Diese Frage beschäftigt in der Zeit zwischen Ende September und Mitte Oktober jeden Winzer an der Thermenlinie. Spätestens im Frühjahr darauf weiß man dann, welche Entscheidung die richtige war.

Satans denn als Medizin betrachtet hatte. Zuerst waren es kranke Einheimische, die im Wasser der „warmen Mühle" des Maitales auf Linderung ihrer Schmerzen hofften. Da ihnen dieselbe in dem „gar nie gefrierenden Wasser", wie es in einem zeitgenössischen Dokument heißt, wohl auch zuteil wurde, nahm sich schließlich auch die Wissenschaft des „Geheimnisses" der Quelle an. Es dauerte daher nicht mehr lange, und Vöslau erfreute sich internationaler Reputation als Heilbad, und kein Geringerer als Beethovens Leibarzt Dr. Johann Malfatti gab dem Wasser 1820 in einer Quellenanalyse den „ärztlichen Segen". „Vöslauer" wurde in der Folge auch für die mondäne Gesellschaft des Vormärz und der Belle Époque attraktiv.

Eine der paradigmatischen Gestalten dieses Zeitalters hat es über den Umweg des Theaters auch zu literarischem Ruhm gebracht. Was jeder vierzehnjährige Gymnasiast als den *Verschwender* kennt – nämlich den Herren von Flottwell –, hatte nämlich ein recht untheatralisches Vorbild auf Schloß Vöslau, wo Moritz Fries als Sproß eines schon seit 1773 hier ansässigen Geschlechts in den Trudel der eisernen Gesetzmäßigkeiten des Frühkapitalismus kam. Die gräfliche Familie Fries war steinreich und konnte sich die Wasserburg im Umland Wiens wahrlich leisten, und zwar umsomehr, als sie auch im Besitz jener warmen Vöslauer Quellen war, die da zu Beginn des neunzehnten Jahrhunderts urplötzlich in Mode kamen und daher im Auftrag der Familie Fries auch entsprechend gefaßt wurden. Zudem investierte man auch noch in die Auspflanzung der damals ebenfalls recht zukunftsträchtigen Portugieserrebe, die als „Vöslauer Rebe" auf den Tischen der Weinkenner von anno dazumal mindestens ebenso Furore machte wie das Wasser, dessen Quelle nie zufror und das man sich daher auch anschickte, zur Hauptattraktion einer der unter kranken sowie frivolen Personen damals so beliebten Badeanstalten zu machen. Der Aufstieg des Kurortes korrespondierte jedoch fatalerweise mit dem Abstieg der Familie Fries, der wie in einem schlechten Heimatfilm damit begann, daß der alte Graf Fries 1785 im Schloßpark ertrank. Sein künstlerisch begabter Sohn Josef erlag bereits im zarten Alter von zwanzig dem römischen Fieber, und Bruder Moritz, der das Erbe im noch zarteren Alter von elf Jahren antreten mußte, kam auch, als er älter wurde, mit dem Übermaß der auf ihm lastenden Verantwortung nicht zurecht. Er verspekulierte sich im Ausland, setzte auch zu Hause falsche Prioritäten und verausgabte sich beim Ausbau des Schloßparks zu einer „gräflich Fries'schen Badeanstalt". Zuletzt versuchte er sogar das familieneigene Bankhaus zu verkaufen, aber alle seine Versuche, wieder liquid zu werden, schlugen fehl. Seine Ehefrau starb an gebrochenem Herzen, der Graf heiratete abermals und zog nach Paris, während sein Sohn, Moritz Fries jun., zu Hause den Konkurs anmelden mußte. Erst die Heirat Graf Moritz II. mit einer reichen Bankierstochter aus dem Hause Pereira und Eskeles stellte die ursprüngliche Prosperität wieder einigermaßen her. Der junge Graf konnte, ähnlich wie in Ferdinand Raimunds Zaubermärchen, das Familienschloß wieder zurückkaufen und sich voll und ganz dem Wasser aus Vöslau widmen.

In seiner charakteristischen bauchigen Flasche hat das Vöslauer Wasser Herrn Flottwell und die um ihn scharwenzelnden neureichen Glücksritter der Gründerzeit überlebt und ist, mit den von Meister Friedensreich Hundertwasser höchstselbst gestalteten Künstleretiketten, in der Nobelgastronomie nicht zuletzt auch ein Accessoire der gesundheitsbewußten Nouveaux Riches von heute geworden.

Südbahnweine

Auf das Wörtchen Therme gibt es leider kein Copyright. Als „Thermenland" bezeichnen sich mittlerweile auch die oststeirischen Kurbäder, und Thermen gibt es schließlich auch anderswo. Speziell die Wiener scheinen für diesen Mangel an Singularität schon immer ein G'spür gehabt zu haben. Sie nannten die Weine aus dem Thermenland daher lieber schlicht und einfach „Südbahner", und zwar im Bewußtsein, daß es auf der Welt nur eine Südbahn geben kann, nämlich jene, die von Wien nach Triest führte.

Die eher kraftvollen und oft auch leicht süßlichen Südbahnweine waren und sind die logische Ergänzung zum „reschen" Wiener Heurigen. Früher wurden die Südbahnweine aus Hauerorten wie Gumpoldskirchen, Sooß, Guntramsdorf, Pfaffstätten und Perchtoldsdorf, vor allem jene der Sorte Neuburger, auch als „mild" bezeichnet, weil sie aufgrund der an die französische Côte d'Or erinnernden geo-

Das „Kranzerl", das auf eine Buschenschank hinweist, darf in Gumpoldskirchen schon ausnahmsweise auch einmal aus Schmiedeeisen sein.

An den Hängen des 675 m hohen Wiener Hausbergs Anninger finden nicht nur die Wanderer eine Fülle lauschiger Waldwege und verschwiegener Platzerln; hier gedeihen auf erstklassigen, hochmineralischen Böden auch einige der edelsten Weine der Thermenlinie.

logischen Beschaffenheit aus steinigen und kargen, zum Teil aber auch schweren, lehmigen Böden und des bereits sehr pannonischen Klimas mit seinen heißen Sommern und kalten Wintern weniger hohe Säurewerte aufwiesen als etwa die Nußberger oder Stammersdorfer Weine. Außerdem bieten die Ortschaften der sogenannten „Rotweininsel", deren wichtigste Ortschaften Tattendorf, Traiskirchen, Teesdorf und Tribuswinkel alle mit T beginnen, ebenso wie das weiter südlich gelegene Bad Vöslau, das wichtigste Rotweinreservoir der fast ausschließlich auf Weißwein spezialisierten Wienerstadt.
Der Weinbau an der Südbahn, die aufgrund einer ihrer wichtigsten Funktionen in Anklang an das bereits erwähnte „Lumpentürl" auch liebevoll „Lumpensammlerin" genannt wurde, ist freilich wesentlich älter als die Schienenstränge über den

Auch vor Gumpoldskirchen hat der High-Tech-Weinbau mit seinen computergesteuerten Gärtanks nicht haltgemacht. Dennoch findet man hier auch noch so manchen überzeugten Traditionalisten, der seinen Wein noch „nach alter Väter Sitte" keltert.

Oben: Der Sauerhof in der Badener Weilburgstraße ist eines der Meisterwerke des Biedermeier-Architekten Josef Kornhäusel.

Unten: Der Hauptplatz von Perchtoldsdorf ist auch ein Zentrum der ansehnlichen Heurigenkultur der alten Burgsiedlung unmittelbar vor den Toren Wiens, in welcher alljährlich das feierliche Weinlesefest mit dem Hütereinzug sowie die Sommerspiele Perchtoldsdorf stattfinden.

Semmering. Bereits seit dem 13. Jahrhundert ist hier das „Leutgeb"-Recht, das den Weinausschank gestattete, urkundlich verbrieft. Der Weinbau im Einzugsbereich der östlichen Alpenausläufer ist jedoch noch älter. Die ältesten Weinrieden gehen, ähnlich wie in der Wachau, auf die Römerzeit zurück und fielen wie diese zunächst der Völkerwanderung zum Opfer, bevor sie im Rahmen der Kolonisierung durch die Bajuwaren – die vor allem auch bei den ersten Klostergründungen eine große Rolle spielten – wieder neu bestockt und bewirtschaftet wurden.
Der zu Beginn der Neuzeit weithin florierende Weinbau – er rangierte in seiner Bedeutung schon damals weit vor dem Ackerbau – wurde im Zuge der Türkenkriege jedoch erneut einer schweren Prüfung unterworfen. Die Muselmanen, Mozarts Osmin zum Trotz, allein schon aus religiösen Gründen alles andere als Freunde eines guten Tropfens, verwüsteten das gesamte Weinbaugebiet, töteten oder verschleppten die Winzer und deren Familien, wußten aber mit dem Inhalt der Fässer nicht allzuviel anzufangen. So mancher wohlgefüllte Keller hat die Türkennot daher wesentlich unbeschadeter überlebt als der Weinbauer, der ihn anlegte. Ein Spruch an der Fassade des alten Gemeindehauses von Brunn am Gebirge erinnert heute noch an diese wenig önophile Episode: „Anno 1683 in diesem Jahr,/der grimme Türk hier gwesen war./Hat schröcklich ghaust mit Mord und Brand,/nach seinem Abzug aber fand/man im Keller des Hauses allhier/ein dreißig Eimer Faßgeschirr./Gar vollgefüllt mit gutem Wein,/muß seinem Blick entgangen sein./Hat jeglich Mann viel Freud gemacht/und ward geleeret mit Bedacht."
Erfreulicherweise waren auch die Ernten, zumindest in den Jahren nach der ersten Türkenbelagerung, besonders gut und halfen den Winzern, über das vergangene Leid – wenigstens ökonomisch – einigermaßen hinwegzukommen. Hatte man im Jahr 1565 noch 1023 Eimer Lesegut vom Lesehof Mödling nach Melk geliefert, so waren es im Jahre 1584 bereits 2780 Eimer. Man hatte also allen Grund, dem hl. Donatus, zu dem die Thermenwinzer bis heute eine besonders innige Beziehung haben, wirklich dankbar zu sein.
In Brunn am Gebirge beispielsweise entstand in der Barockzeit daher auch eine kleine Donatuskapelle, neben der das heute noch bestehende „Rote Kreuz"

errichtet wurde. Legenden, in denen der Weinheilige den Winzern dieser Region nicht nur beim „Wettermachen" behilflich war, sondern auch im Alltag bei Not oder Krankheit gute Dienste leistete, würden ganze Sagenbücher füllen. Nicht zuletzt aus diesem Grund ließ die Gemeinde Brunn am Gebirge noch im Jahre 1968, also durchaus bereits in „säkularisierteren Zeiten", dem Heiligen zu Ehren direkt vor dem Gemeindeamt einen Donatusbrunnen errichten.

Von hier aus „bewacht" St. Donatus bis heute eine Weinbaufläche von 2814 ha in der gesamten Thermenregion am östlichen Alpenrand. Die Hauptsorten sind Weißburgunder, Neuburger, Zierfandler und Rotgipfler. Etwa ein Drittel der Fläche entfällt auf rote Sorten wie Portugieser, Zweigelt, Blauburgunder und Cabernet Sauvignon. Der Neuburger, dessen Rebfläche allein 500 ha ausmacht, gilt hier fast als „autochthone" Spezialität und bildet auch die Grundlage der meisten Weine, die beim Heurigen ausgeschenkt werden. Nahezu autochthon sind jedoch die beiden Rebsorten Zierfandler und Rotgipfler, die untrennbar mit dem Namen Gumpoldskirchen verbunden sind, auch wenn der Zierfandler, um der Wahrheit die Ehre zu geben, als „Cirfandli" auch im nahen Ungarn zu finden ist.

Rote Gipfel und graue Mönche

Zwei Traubensorten prägen jenen Wein, den man einst, als man Weine noch nach den Orten ihrer Herkunft und nicht nach Reben zu bezeichnen pflegte, schlicht „Gumpoldskirchner" nannte. Die edlere der beiden ist der Zierfandler, der wegen seiner sehr späten Reife auch Spätrot genannt wird, aber ganz im Gegensatz zu seinem „roten" Namen ein Weißwein ist. Trotz seines opulenten Körpers behält der Zierfandler außer seiner Kraft auch Säure und entwickelt auf diese Weise nicht nur reichlich Substanz für süße Prädikatsweine, sondern eignet sich auch zum Verschneiden mit der zweiten für Gumpoldskirchen charakteristischen Weißweinrebe, dem in Sachen Säure etwas flacheren Rotgipfler. Dieser reift, wiewohl ebenfalls spät, so doch etwas früher als der Zierfandler und ist ein Garant für hohe Alkoholgradationen, aber auch eine stetige Verführung für den Winzer, die Weine allzu „lieblich" auszubauen, was lange Zeit dazu führte, daß

Oben: Der Juniorchef des renommierten Weinguts Reinisch inmitten der Tattendorfer „Rotweininsel" hat sein Handwerk in Kalifornien gelernt und führt den Betrieb gemeinsam mit seinem Vater wie ein „Winemaker" aus dem Napa-Valley. Doch auch wenn die Reinischs ihre Heurigen-Vergangenheit längst hinter sich gelassen haben, wird der Heurige im Johanneshof von „Heurigenwirtin" Veronika Reinisch mit demselben Elan (und vor allem mit den köstlichsten Schmankerln) geführt wie eh und je.

Unten: Die Buschenschanken und Heurigenwirtschaften entlang der Südbahn, im Fachjargon auch „Thermenregion" genannt, locken an schönen, sonnigen Wochenenden vor allem die Wiener in den weinfreundlichen Süden. Michaela Stadlmann bietet in ihrem ebenso gemütlichen wie traditionsreichen Betrieb in Traiskirchen nicht nur köstliche Tropfen, sondern auch knusprige Enten und Hühner an.

Schon die Römer wußten um die Heilkraft der schwefelhaltigen Thermalquellen Badens – so nannten sie den Ort auch „Aquae". Die Zeitläufte änderten an der Beliebtheit des idyllischen, biedermeierlichen Städtchens gar nichts. Und so lesen sich die Gästebücher auch wie das „Who is who" österreichischer Kultur- und Geistesgeschichte: Willibald Gluck, Antonio Salieri, Wolfgang Amadeus Mozart, Ludwig van Beethoven und Johann Strauß sind nur einige, die hier Entspannung vom aufreibenden Alltag eines Künstlers suchten.

der Gumpoldskirchner als „Damenwein“ oder „Trinkmarmelade“ bezeichnet und von Kennern nicht mit jener Ernsthaftigkeit wahrgenommen wurde, die ihm tatsächlich gebührt.

Einer der Pioniere des „neuen“, also des ernsthaften Zierfandlers und Rotgipflers ist Gottfried Schellmann, dessen schönes Weingut man in der Wiener Straße 41, also im Herzen des Ortes, findet. Daß der Mann gerade siebzig geworden ist, glaube wer will, nur nicht, wer ihn trifft. Allenfalls Dirigenten erreichen bei vergleichbar kraftstrotzendem Äußeren ein ähnliches Alter. Außerdem hat Gottfried Schellmann mit den zitierten Dirigenten auch gemeinsam, daß diese mit zunehmendem Alter ebenfalls meist immer besser werden.

Schellmann wird von Weinjournalisten gerne als „Jamek von Gumpoldskirchen“ bezeichnet, was allein schon deshalb nicht falsch ist, weil auch er bereits in den fünfziger Jahren – er war der erste Winzer, der einen Gumpoldskirchner im Jahre 1954 in eine Bouteille anstatt in die üblichen „Doppler“ füllte – ein nimmermüder Streiter für säurebetonte und staubtrockene Weine war, als in seinem näheren und weiteren Umkreis vor allem undifferenziertsüße Weine „für deutsche Bustouristen“ hergestellt wurden.

Wesentlich jünger, aber ebenfalls ein Pionier des Gumpoldskirchner Qualitätsweinbaus ist Richard Thiel, der über eines der prächtigsten Weingüter des Ortes – den Kremsmünstererhof – gebietet. Mit den Benediktinern hat Richard Thiel heute keine Geschäftsverbindung mehr, zu den Männern in der Kutte unterhält er indessen nach wie vor allerbeste Beziehungen. So hat Thiel vor geraumer Zeit von den Augustiner-Chorherren aus Klosterneuburg 1,3 ha Zierfandler- und Rotgipfler-Weingärten gepachtet – also exakt jene beiden Reben, denen Thiels besondere Leidenschaft gehört.

Die hat er – neben einem ausgeprägten Faible für feingliedrige Gumpoldskirchner Rieslinge – auch mit Manfred Biegler gemeinsam, der in einem Renaissance-Haus mit gotischem Kern an der Wiener Straße nicht nur einen wunderschönen Heurigengarten sein eigen nennt, sondern auch zu den kompetentesten Winzern der Region zählt. So leicht und vergnügt wie hier kostet es sich nur selten. Die beiden Dioskuren, die über dieses bacchantische Paradies wachen, sind Vater und Sohn, wobei Manfred Biegler, um mit Hofmannsthals *Unbestechlichem* zu sprechen, „die Aufsicht über das Ganze“ führt und Junior Othmar ausdrücklich für die Kellerwirtschaft verantwortlich ist (was nicht heißt, daß er an übervölkerten Heurigentagen nicht auch brav den Schankwein an den immerdurstigen Gästeschlund bringt). Die Naturbelassenheit, Trockenheit und Frucht, die von jeher den Charme der Bieglerschen Weine ausmacht, liegt der Familie im Blut, das ein urtümlich steirisches (genauer gesagt: oststeirisches) ist. Die steirische Vergangenheit liegt freilich schon eine Weile zurück, denn immerhin sind die Bieglers schon seit der Zeit der Zweiten Türkenbelagerung in Gumpoldskirchen zu Hause, und das schöne Renaissance-Doppelwinzerhaus, in dem die Familie seit dem Ende der Donaumonarchie ansässig ist, wurde bereits im Jahre 1566 in einer Gumpoldskirchner Chronik erwähnt. Weinbau betreiben die Bieglers allerdings „erst“ seit 1890.

Selbstredend erweist man auch bei der Familie Biegler den beiden ampelographischen Statthaltern der Region, König Zierfandler und seinem Marschall Rotgipfler, seinen Tribut und keltert daraus jene Kreszenzen, die an dieser Scheidelinie von feuchtnebeligem Wienerwald- und trocken-pannonischem Steppenklima ganz einfach am besten gedeihen.

Über die Stilistik des Gumpoldskirchners, was sie war und was sie sein sollte, ließe sich endlos diskutieren. Man kann allerdings auch einfach bei Johann Sonnleitner in der Wiener Straße 13 vorbeischauen und dort einen Ausflug in die Vergangenheit des Weinorts machen. Sonnleitner ist ein Winzer vom eher altmodisch-knorrigen, aber gleichwohl leutseligen Typ, und er gebietet über den respektabelsten Altwein-Keller der ganzen Südbahnregion. Ein Wein, der weniger als sieben, acht Jahre auf dem Buckel hat, ist für ihn nur ein „junger Spund“, der möglichst weit nach hinten geräumt gehört, damit er Zeit hat, einen eigenen Charakter zu entwickeln. In den Uralt-Gewölben, die Sonnleitner noch zusätzlich „romantisiert“ hat, als wolle er einen Hintergrund für eine Edgar-Allan-Poe-Verfilmung mit Vincent Price schaffen, lagert bei etwas Glück vielleicht sogar Papas Geburtsjahrgang, darunter auch einige Flaschen der seltenen „Gumpoldskirchner Jubiläumsrebe“.

Gewiß: Sonnleitner verkörpert in Stilistik und Ausbau seiner Weine das „alte Gumpoldskirchen“.

Doch was wäre daran wirklich so schlecht, bei dem Alter, das diese bereits von den Babenbergern, vermutlich als wehrhafte Hausberganlage gegründete Gemeinde mittlerweile auf dem Buckel hat?
Alt ist hier nicht nur der Wein, alt ist die ganze Ortschaft, die sich längs zweier Parallelstraßen mit all ihren Renaissance-Höfen und im Kern oft noch gotischen Bauwerken erstreckt, deren schönstes ohne jeden Zweifel das arkadengeschmückte Rathaus ist. Zweimal im Jahr stehen die beiden „Hauptverkehrsadern" Gumpoldskirchens im Mittelpunkt bacchantischer Weinfeste, in deren Verlauf auch der Weinkönig, der dem Gumpoldskirchner „Königswein" seinen Namen gab, durch die jubelnde, Heurigenkrügeln schwingende Menge reitet. Im Juni ist es die Neustiftgasse, im August die Wiener Straße, die Seiner Majestät, dem Wein, eine so würdige Kulisse bietet, wie sie Max Mell in seiner Ode an Gumpoldskirchen beschrieben hat: „Spähe die breiten, gestrichnen Tore hinein! / Auch den Flur noch erwärmen / Rebendächer, sie wölben / Glühenden Schein. / Draußen die sommerverklärten, / Sachte gilbenden Gärten / Wollen herein." Nicht minder beeindruckend als die Architektur dieses traditionsreichen Weinortes am Fuße des Anninger ist sein Umland, das man am besten erkundet, indem man den Gumpoldskirchner Weinwanderweg abschreitet, der mitten durch zwei der kostbarsten Rieden des Thermenlands, Spiegel und Wiegen, führt und an seinem höchsten Punkt ein prachtvolles Panorama über das „Weinmeer" an der Südbahn hinweg bis tief nach Ungarn hinein eröffnet. Auf dem Weg hinüber ins benachbarte Pfaffstätten kann es übrigens auch passieren, daß man der sogenannten Les'hanl begegnet, die – auch wenn sie schon so manchen Winzer bei der Lese gezwickt hat – kein Weinberggeist ist, sondern ein äußerst rares Exemplar in der Insektenwelt des Thermenlands: Die sonst eher im Mittelmeerraum anzutreffende Gottesanbeterin *(Mantis religiosa)* zählt zur Gattung der Heuschrecken und hat sich in der Verhaltensforschung dadurch einen Namen gemacht, daß sie nach dem Geschlechtsakt ihr Männchen auffrißt. Den Gumpoldskirchner Winzern ist sie daher auch in flüssiger Form viel lieber, in welcher die Les'hanl ebenfalls auftritt, weil sie einer gehaltvollen Neuburgermarke aus garantiert herbizidfreiem Anbau ihren schönen Namen leiht.

Eine andere Pflichtroute, zumindest für Weinfreunde, führt etwa einen Kilometer lang nach Südosten in den winzigen Weinbergflecken Thallern, der gleichwohl von immerhin 70 ha Weinbergen, darunter von allerersten Lagen – wie der berühmten Ried Student – umgeben ist. Die bereits im zehnten Jahrhundert entstandene Siedlung verhält sich zu Gumpoldskirchen wie der Mond zur Erde: Sie ist ein leuchtender Trabant und ein eigenständiges Gestirn am Südbahn-Weinhimmel zugleich. Vor allem aber unterstreicht das 1141 nach einer Schenkung des Babenbergerherzogs Leopold IV. von den Heiligenkreuzer Zisterziensern gegründete Kloster die These, daß die Thermenlinie ein „Burgund im Süden Wiens" ist. Wie in Burgund ist der Zusammenhang von Zisterziensern und Weinbau nämlich auch hier mehr als offenkundig: Immerhin waren die Heiligenkreuzer Mönche direkt aus der Burgunderweinregion rund um das Mutterkloster Cîteaux 1133 in den Wienerwald gekommen und hatten aus ihrer Heimat jenes weinbautechnische Wissen mitgenommen, das man ihnen in Clos de Vougeot, einem der bedeutendsten burgundischen Klöster, vermittelt hatte. Zudem hat der schenkende Babenberger in seinem Stiftungsbrief auch höchstselbst bekundet, daß das Land widmungsgemäß für den Weinbau zu verwenden sei, weil man ihm zugetragen hatte, daß die Heiligenkreuzer Mönche – horribile dictu – „weder für Gesunde noch für Kranke Wein hatten".
Der Wein, den die frommen Patres für sich und ihre Schützlinge in Thallern auspflanzten, dürfte mit einiger Sicherheit ein Pinot gris, auch „Grauer Mönch" genannt, gewesen sein, der mittlerweile auch als Grauburgunder oder Ruländer bekannt ist und bis 1840 als Gumpoldskirchner Leitsorte galt. Das Weingut Thallern befindet sich bis heute noch im Besitz der Zisterzienser, auch wenn man in den Weingärten wohl kaum noch einen Mönch mit einer Rebschere beobachten wird können. Spuren haben die weinfreundlichen Mönche von anno dazumal schon eher in der 1516 geweihten Kapelle des Freigutes hinterlassen, die Johannes dem Täufer, der neben St. Donatus ein weiterer Schutzheiliger der Weinbauern ist, geweiht wurde. Die Symbolik des Hochaltarraums ist so schlicht wie eingängig: Christus, der Erlöser, hängt hier nicht wie meist an einem Holzkreuz, sondern an einem riesenhaften

Sicher eine der schönsten Möglichkeiten, die Thermenlinie zu erkunden: Hoch zu Stahlroß im lauen Herbst durch die Weingärten entlang des Wienerwaldsaums; hier nahe Gumpoldskirchen.

Weinstock. Und statt der üblichen Marterwerkzeuge hat man in Thallern Haue und Spaten, das wichtigste Handwerkszeug des Winzers, aufgeboten. Die Botschaft, die damit vermittelt werden sollte, stammt aus der Bibel und war wohl auch des Lesens Unkundigen leicht zu verdeutlichen: „Ich bin der Weinstock, und ihr seid die Reben."

Beethovenstein, Lausturm und Waldandacht

Engelbert und Christian Fischer, Vater und Sohn, haben zwei Gesichter: Geht es um Fragen des Weinbaus und Marketings, so sind sie stets an der Spitze des Fortschritts zu finden. Handelt es sich jedoch um die Familie und den Lebensstil, so hält man sich lieber ans Traditionelle. Kein Wunder. Schließlich bewirtschaftet man ein Weingut, das in einem der sogenannten „Urhäuser" von Scoß untergebracht ist und sich bereits seit 1662 im Besitz der Familie befindet. Schon um die Wende vom 19. zum 20. Jahrhundert befand sich hier eine der schmucksten Buschenschanken der ganzen Südbahnstrecke, zu der man am Wochenende wie weiland in Ödön von Horváths *Geschichten aus dem Wiener Wald* hinauspilgerte, um vor dem Weingenuß noch einen kleinen Abstecher zum Beethovenstein oder ins nahe gelegene Helenental zu machen. Zwei Weltkriege setzten der Heurigenherrlichkeit ein Ende, und erst seit 1974 wird hier wieder Hausmannskost aufgetischt, zu der man mittlerweile allerdings nicht nur die offen ausgeschenkten „Schoppenweine", sondern allerlei Edles aus Fischers glänzend sortiertem Flaschenkeller verkosten kann.
Wenngleich auch Weißweine angeboten werden, sind die wahren Stars der ebenso warmen wie durchlässigen Lehmböden an den Abhängen des Sooßer Lindkogels die Rotweine von Pinot Noir über Zweigelt bis Cabernet Sauvignon, deren Stilistik – wie so manches in diesem Weingut – an kalifornische Vorbilder erinnert.
Auf Tradition hält man auch im in derselben Straße gelegenen Weingut Grabner und Schierer, die sich mit Fug und Recht heute noch als „Hoflieferanten" bezeichnen, und zwar nicht nur, weil sie fast die gesamte Weinproduktion ihres für österreichische Verhältnisse recht stattlichen Weinguts ab Hof verkaufen, sondern auch, weil sie die Hofburg in Wien mit ihren Weinen beliefern. Wie Fischer haben sich auch Grabner und Schierer auf kraftvolle Weiße, noch mehr allerdings auf edle Rotweine konzentriert; Weine, für welche die Sooßer Lagen an den Ausläufern des Lindkogelmassivs hervorragende Bedingungen bereitstellen.
Die Eignung des südlicheren Thermenlands für gehaltvolle Rotweine – dreiviertel der Vöslauer Weinproduktion auf immerhin 200 ha gehören dem Rotwein – hat man bereits im 19. Jahrhundert erkannt und sogar mit einigem Erfolg versucht, „Vöslauer Goldeck" als österreichische Antwort auf Bordeaux und Burgund an den Tafeln der internationalen Aristokratie zu etablieren. Von den einschlägigen Verdiensten der Bankiersfamilie Fries ist in diesem Zusammenhang bereits die Rede gewesen. Der Name eines anderen Vöslauer Rotweinpioniers klingt jedoch bis heute nach. Es handelt sich um Robert Schlumberger, den Gründer des heute noch bestehenden Sekt- und Getränkehandelshauses, das jedoch nach wie vor stolz auf das kleine, aber feine Rotweingut seines Gründervaters ist, der mit einigem Recht als ein österreichisches Pendant zum Haus Rothschild oder zur deutschen Weindynastie Matuschka-Greiffenclau gilt.
Gegründet wurde das Haus Schlumberger bereits im Jahre 1843, als Robert Alwin Schlumberger, ein Deutscher, der sich im Champagnerhaus Ruinart vom Lehrling zum Prokuristen hochgearbeitet hatte, die Wienerin Sophie Mathilde Kirchner ehelichte und damit begann, in Wien eine Wein- und Sektkellerei zu etablieren. 1854 kam dann bereits der erste Goldeck auf den Markt und wurde am 3. Jänner 1858 ins Markenregister eingetragen. Damals unterzog Schlumberger seine Weine und Sekte auch einem Härtetest, indem er sie drei Jahre lang auf der berühmten „Novara" über die Wellen schaukeln ließ. Danach, heißt es, hätten die Kreszenzen allesamt besser geschmeckt denn je zuvor.
Heinz Türk, der altgediente Kellermeister des Vöslauer Spitzenbetriebs, erinnert sich: „Wenn heute viele Weinhauer glauben, mit der Eiklarschönung ein neues Verfahren anzuwenden, dann fällt mir ein, wieviel Eierspeise es in unserem Haus schon immer gegeben hat, weil ich im Auftrag von Robert Schlumberger jun. Tausende von Eiern zerschlagen mußte."
Doch man muß gar nicht erst Eier zerschlagen, um Erinnerungen an die Pionierzeit des Vöslauer Wein-

Eine Weingartenwanderung von Sooß nach Bad Vöslau führt fast zwangsläufig am „Lausturm" vorbei, einem vom Weinpionier Robert Schlumberger 1892 errichteten Schlößchen im historistisch-romantisierenden Stil. Seinen Spitznamen verdankt es der damals grassierenden Reblausplage: Als Schlumberger diese bewältigt hatte, ließ er „die letzte Reblaus", derer er habhaft wurde, in ein Faß sperren und mauerte sie in die Grundfesten des „Lausturms" ein.

Zu einem echten Südbahnheurigen gehört – wie hier beim Heurigen Stadlmann in Traiskirchen – neben einem „feinen Tröpferl“ auch eine „zünftige Jausen“, damit, wie man hier sagt, „der Wein seine Unterlag' hat“.

baus wach werden zu lassen. Es reicht auch eine Weingartenwanderung von Sooß nach Bad Vöslau, die einen fast zwangsläufig an einem höchst eigenartigen architektonischen Gebilde vorbeiführt, das im Volksmund schlicht „Lausturm“ heißt. Tatsächlich handelt es sich dabei jedoch um ein recht schmuckes Schlößchen im historistisch-romantisierenden Stil des ausgehenden 19. Jahrhunderts, das Robert Schlumberger 1892 von den beiden Wiener Theaterarchitekten Fellner und Helmer inmitten der Weinberge errichten ließ. Es war als Geburtstagsgeschenk zum „70er“ von Sophie Schlumberger gedacht und prangt über den Rebstöcken auch in einer fast unwirklichen, tatsächlich bühnenreifen Schönheit, die so ganz und gar nicht zu seinem „lausigen“ Spitznamen passen will. Diesen verdankt das Schlößchen jedoch ebenfalls dem Weinbau, der durch die Reblauskatastrophe in den achtziger Jahren des vorigen Jahrhunderts in eine veritable Krise geschlittert war. Erst relativ spät bekam man den Schädling in den Griff, und so ließ Robert Schlumberger, nachdem er die Reblauskatastrophe bewältigt hatte, nicht ohne einen gewissen Hintersinn „die letzte Reblaus“, derer er habhaft wurde, in ein Faß sperren und mauerte dasselbe in die Grundfesten des Turms zu seinem Weingartenschlößchen ein, das seither, ohne daß man sich allzu viele Gedanken macht, warum, schlicht und einfach „Lausturm“ heißt. Wenn man schon einmal beim Lausturm angelangt ist, so sollte man freilich auch die paar Schritte hinüber zur „Vöslauer Waldandacht“ riskieren, die in den siebziger und frühen achtziger Jahren einem der populärsten österreichischen Rotweinen ihren Namen geliehen hat. Mittlerweile ist die Marke etwas in Vergessenheit geraten, während das zunächst dem im wahrsten Sinn des Wortes „aussichtsreichen“ Kaisersitz-Felsen gelegene Idyll der kleinen Wallfahrtskapelle mit dem romantischen Einkehrwirtshaus, das man zu Fuß leicht von Bad Vöslau aus erreichen kann, bis heute nichts von seinem Zauber verloren hat.

Eine kleine Reise mit der Badnerbahn

Die Reise von City zu City beginnt an der Haltestelle der Badnerbahn am Wiener Opernring und führt in jene Zeit zurück, als Wien noch keine europäische Metropole, sondern eher so etwas wie eine Weltjausenstadt war, und genau so präsentiert sie sich dem Passagier der Badnerbahn, der am Schalter ein Ticket von City zu City, vom Opernring bis zur Endstation Baden, gelöst hat, auch heute noch. Genaugenommen ist die blau-beige Garnitur nämlich kein gewöhnliches „Öffi" für die Nahverkehrsbewältigung, sondern eher eine Kreuzung aus Schnellbahn und Heurigen-Bim.

Zwischen den gutgepolsterten, aber schon etwas abgewetzten, orangefarbenen Sitzen laden kleine Resopaltische dazu ein, den Pfaffstättener Heurigen auch dann noch weiterzutrinken, wenn der Pfaffstättener Kirchturm schon längst irgendwo am Horizont verschwunden ist. Wofür außer zum Jausnen sollten die Tischchen auch sonst gut sein? Die Wiener Zeitungen kann man im Gegensatz zu den amerikanischen auch lesen, ohne sie wie eine Landkarte auszuklappen. Und wer macht sich, wenn er beispielsweise am sonnendurchfluteten Morgen eines langen Einkaufssamstags um 8.10 Uhr an so unterschiedlichen Etablissements wie dem Hotel Triest und dem Rasthaus zur Teufelsmühle vorbei in Richtung Süden rumpelt, schon Notizen, es sei denn, er ist ein Eisenbahnarchäologe, der sich gerade auf die historischen Spuren der blauen Bahn gesetzt hat.

Das Dasein der Badnerbahn begann, als im Baden des Jahres 1894 erstmals das elektrische Licht anging. Von da an dauerte es nur noch ein Jahr, bis man die Segnungen der neu gewonnenen Elektrizität auch auf den öffentlichen Verkehr ummünzte und die alte Pferdebahn, die schon seit 1873 zwischen dem Badener Südbahnhof und dem Rauhensteiner Brauhaus verkehrte, als „electrisches Bahnunternehmen" auf den neuesten Stand brachte und damit der Wiener Tramway geschlagene drei Jahre lang voraus war. Die zwischen Wien Gaudenzdorf und Baden verkehrende Dampftramway konnte daher erst mit einiger Verspätung „elektrifiziert werden", und es wurde der 1. Mai 1907, bis zwischen der heutigen Bösendorferstraße und der Kurstadt Baden der Verkehr, damals sogar noch mit eigenem, luxuriös ausgestattetem Hofwagen, aufgenommen werden konnte.

Mittlerweile ist aus der damaligen „Jausenbahn" für Verliebte und Sonntagsausflügler ein veritables Nahverkehrsmittel mit Viertelstundentakt-Fahrplan geworden, auch wenn sich an der eigentlichen Streckenführung seither kaum etwas geändert hat.

Die „Heiligensäule" am Hauptplatz von Mödling befindet sich mittlerweile in eher unheiliger Umgebung. Aber was kann sie schon dafür, daß das Vertrauen der Menschen in Palmers, Gazelle, Wolford und Co. Mittlerweile größer ist als jenes der Altvorderen in die wundersamen Kräfte der Vierzehn Nothelfer?

Sooß ist eine der bekanntesten Rotweingemeinden Niederösterreichs. Der Legende nach soll der römische Kaiser Probus eigens edle Rotweinsorten aus Italien bringen und Weingärten anlegen haben lassen. In der ersten urkundlichen Erwähnung des Ortes – um 1200 – ist dann auch prompt von der Schenkung eines Weingartens die Rede.

Die ersten paar Kilometer tut die Badnerbahn so, als wäre sie eine ganz gewöhnliche Wiener Tramway. Kurz und stakkatoartig folgen die Stationen aufeinander, und italienische Touristen verfolgen mit dem Stadtplan den aus kunsthistorischer Sicht leider nicht gerade atemberaubenden Streckenverlauf durch Wieden und Favoriten. Bis zur Haltestelle „Schöpfwerk" herrscht ganz eindeutig Innenstadtverkehr, und die blaue Bim ist auch noch recht schütter gefüllt. Doch dann scheint sie sich mit einem Male innerhalb weniger Minuten aufzublähen wie eine frisch gestopfte Wurst; so viele Leute raufen sich hier plötzlich um die letzten Sitzplätze. Dafür beginnt sich die Stadt jetzt draußen vor den Fensterscheiben allmählich zu öffnen. Sie wird flacher, weitmaschiger, industrialisierter, statt grauer Häuserfronten ist plötzlich sehr viel blauer Himmel zu sehen. Auch die Landschaft verändert ihren Charakter: Hinter dem Wienerberg beginnt man bereits die pannonische Tiefebene mit ihren Steppenvögeln, den unregelmäßig über die Landschaft gesprenkelten blauen Ziegelteichtupfern, den Blindschleichen und den Stechmückenheeren zu ahnen. Die Badnerbahn, die nun wohl auch ein paar Stundenkilometer zulegen darf, durchquert jenes von Vogelmiere, Brennesseln und anderem Unkraut überwucherte Brachland, dessen Lößböden vor ein paar Jahrhunderten noch unter dem Getrappel der türkischen Reiterheere erzitterten, die Mensch, Tier und Vegetation damals bis unmittelbar vor die Stadttore Wiens dem Erdboden gleichmachten. Heute bricht dieses Brachland nur noch an manchen Stellen durch, da ein großer Teil davon von Werkgebäuden, Sport- und Freizeitanlagen, vor allem aber von der Shopping City Süd (SCS) bedeckt ist. Kaum zu glauben, daß man hier, wie nicht zuletzt die Bauarbeiten an der A2 und der SCS zutage brachten, mitten auf steinzeitlichem Siedlungsgebiet steht. Munter poltert die Badner an Wohngruben aus der Zeit um 5400 v. Chr. vorbei. In Brunn wurden sogar Funde aus dem neunten Jahrtausend v. Chr. gemacht, und beim Bau einer Wasserleitung durch Guntramsdorf fand man immerhin schon 1891 Relikte aus der Jungsteinzeit und zwei hallstattzeitliche Schädel, denen man mit einem scharfen Messer ein kreisrundes Loch – bei lebendigem Leib – in die Schädeldecke geschnitten hatte, um die darin hausenden bösen Dämonen zum Entfleuchen zu bringen. Das dabei entnommene Knochenstück durfte der Patient, so er die Operation überlebte, dann als Amulett gegen neue böse Geister mit nach Hause tragen.

Doch die Dämonen von heute sehen anders aus. Sie finden sich in Form kalligraphisch verschlungener Graffiti oder der Totemsäulen jener beiden „Golden Arches“, die zwei Lichtbögen mit steilen Katzenbuckeln zum ebenso schmalen wie steilen „M“ des McDonald's-Drive-In aufblähen. Vom Anninger her fegt ein lebhafter Westwind über den SCS-Parkplatz und bringt Ronald McDonald, den aufgeblasenen Plastik-Clown auf dem heißen Blechdach, ganz gehörig ins Schunkeln. Gleich daneben prangt in weithin sichtbaren Lettern die auf einen einzigen Satz reduzierte Philosophie des Einkaufsparadieses: „Viel Spaß beim schöner Shopping“. Einkaufen als

Oben: Der Südbahn-Weinbau hat Karriere gemacht: Das Weingut Reinisch in Tattendorf etwa war früher ein einfaches Heurigenlokal, könnte mittlerweile aber auch – sowohl was Architektur als auch was Größe betrifft – das eines internationalen Renommier-Winzers in der „New World“ sein.

Unten: Das Chorherrenstift Klosterneuburg unterhält nicht nur weitläufige Weingärten im Viertel unter dem Wienerwald, sondern gilt auch ganz allgemein als Nabel der Weinwelt: 1860 wurde hier die erste Weinbauschule der Welt gegründet, und 1861 die Klosterneuburger Mostwaage (KMW) zur Messung des Zuckergehalts von Weintrauben erfunden. Gekeltert wird bis heute nach einem biblischen Motto: „Wie Lebenswasser ist der Wein für Menschen, wenn man ihn maßvoll trinkt“ (Jesus Sirach 31,27).

Lebensfreude. Das verstehen sowohl Verkäufer als auch Kunde.

Weinbausachen und Eisenbahng'schichten

Wenn ein Wein über einem sogenannten „Busserltunnel" gedeiht, dann muß auch der Winzer, dessen edle Tropfen hier heranwachsen, irgendwann von der Muse geküßt worden sein.
Der Busserltunnel, von dem hier die Rede ist, wurde schon von Johann Nestroy in seiner Posse vom „Eisenbahnheiraten" auf die Schippe genommen und verdankt seinen Namen der Tatsache, daß die Gelegenheit des kurzfristigen Tunnel-Dunkels in Zeiten, in denen die Eisenbahnen noch nicht elektrisch beleuchtet waren, jede Menge Diebe machten, die der zugfahrenden Weiblichkeit den einen oder anderen Kuß raubten. Seine Existenz verdankt der Tunnel inmitten der Weingärten allerdings einer anderen Art von Eisenbahnromantik. Kaiser Ferdinand der Gütige, den der für Charakterschwächen stets sensible Volksmund treffender als „Gütinand den Fertigen" apostrophierte, war nämlich nicht nur ein schwacher Herrscher, sondern auch ein kleiner Angsthase. Als es 1841 galt, die Wien-Gloggnitz-Bahn zu eröffnen, wurde ihm angesichts der kolportierten „Spitzengeschwindigkeiten" und entrischen Gebirgstrassen ganz angst und bange, und er erklärte sich lediglich bereit, die Strecke bis Baden persönlich zu befahren. Auf dieser, meinte der Kaiser jedoch, sollte es zumindest einen kleinen Tunnel geben, damit er sich einen Begriff von der ganzen geplanten Strecke machen könne. Nun war zwischen Wien und Baden selbstverständlich nirgendwo ein Tunnel geplant, und die Eisenbahningenieure kamen angesichts der kaiserlichen Forderung ganz schön ins Schwitzen. Schließlich einigte man sich darauf, den Katzbühel (heute noch eine Ried bei Pfaffstätten) nicht wie geplant zu umfahren, sondern statt dessen um 100000 Gulden einen Mugel aufschütten zu lassen, den man anschließend mit einem Tunnel – es ist übrigens der älteste in Österreich – „durchbohren" konnte.
Das alte Wienerlied *Wenn in Traiskirchen das Kranzerl winkt* war jedoch nicht auf die echten oder werdenden Brautleute im Busserltunnel gemünzt, sondern auf den ersten „blauen Zug" der Badnerbahn, der am 15. November 1932 so viele Besucher nach Traiskirchen brachte, daß der alte Wein bereits im Juli ausgetrunken war. Die Weine, die über dem Busserltunnel gedeihen, kann man gleichwohl auch heute noch bei Karl Alphart verkosten.
Seit sich im Jahr 1762 ein Waldviertler Vorfahre Karl Alpharts in „südlichen Gefilden" ansiedelte, besteht das Weingut, dessen Besitzer nicht nur zu den Pionieren unter den „Thermenwinzern" zählt, sondern auch als eine Art Denkmalschützer der allenthalben vom Aussterben bedrohten Neuburger-Rebe gilt. Was gemeinhin den Ruf eines geschmacklich eher unelaborierten „Saufweins" hat, entfaltet unter Alpharts kundiger Vinifikation als Neuburger Cabinet oder Neuburger Ried Hausberg einen von einer feingliedrigen Säure getragenen geschmacklichen Facettenreichtum aus Nuß- und Mandeltönen, als handelte es sich bei dieser traditionsreichen Rebe um ein veritables Edelreis. Allein: Nicht nur das Beispiel Alphart beweist, daß Traiskirchen einer jener Orte an der Südbahn ist, die von Nichtkennern, was Flair und Atmosphäre betrifft, für gewöhnlich unterschätzt werden. Möglicherweise liegt das auch daran, daß man die alte k.u.k. Garnisonstadt heutzutage eher mit Flüchtlingsbaracken als mit seiner gotischen Wehrkirche, dem alten Torturm und dem Wassergraben verbindet und dabei eher an Spendenaufrufe als an Heurigenstimmung denkt.
Gerade diese aber kommt selten wo in solchem Maße auf wie in den berühmten Buschenschanken von Traiskirchen, etwa dem ob seiner Spanferkelfeste geradezu legendären Heurigen von Catherina Schafler oder dem Weinbaubetrieb, den die Familie Stadlmann seit nunmehr schon sieben Generationen in einem wunderschönen Weingut führt, das eher an ein Schlößchen als ein Winzerhaus erinnert.
Johann Stadlmann, der nach seiner Ausbildung an der Kremser Weinbauschule vor allem den deutschen, den Elsässer und den Südtiroler Weinbau praxisnah studieren konnte, kann in seinen Bestrebungen (die vor allem der Sorte Zierfandler gelten) auf einige der wertvollsten Rieden der Thermenregion zurückgreifen: „Mandl-Höh'", „Obere Häfen" und „Igeln" liefern dank Geologie und Mikroklima sortentypische Weine von hohem Extrakt und oft geradezu überwältigender Frucht. In der Gunst der Gäste des Hauses liegen indessen jene Leckerbissen ganz weit vorne, die Michaela Stadlmann im alten Familienheurigen zubereitet, der schon seit

Stift Klosterneuburg am Fuße des Leopoldsbergs ist der spirituelle „Zwilling" von Heiligenkreuz, auch wenn es nicht wie dieses von Zisterziensern, sondern von Augustiner-Chorherren bewirtschaftet wird. Kaiser Karl VI. wollte das von Leopold dem Heiligen 1100 unter sagenhaften Umständen gegründete Stift (es soll an jener Stelle entstanden sein, an welche der Wind den verlorenen Schleier seiner frommen Gattin trug) sogar zu einem „Wiener Escorial", einem Gottespalast von internationalem Zuschnitt, ausbauen lassen; er starb aber lange bevor seine Pläne zur Gänze verwirklicht waren. Im Hintergrund: das Tullnerfeld und der Riederberg.

Oben: Theaterlandschaft Wienerwald: Im Sanatorium Purkersdorf fand der Schauspieler und Regisseur Paulus Manker eine ideale Spielstätte für sein „Alma"-Projekt, in dessen Mittelpunkt die Fin de siècle-Muse Alma Mahler-Werfel steht.

Gegenüber: Ganz in der Nähe der Schnellbahn-Haltestelle Purkersdorf findet man das berühmte Sanatorium des Industriellen Victor Zuckerkandl, das Josef Hoffmann, Begründer der Wiener Werkstätte, und Kolo Moser Anfang des 20. Jh.s entwarfen und einrichteten. Beide designten auch jeweils einen Sessel mit dem Namen „Purkersdorf". Das Gebäude wurde außen inzwischen renoviert. Für das Innere wartet man – nach Nazis und russischen Besatzern – noch immer auf einen sorgsamen und beständigen Nutzer.

vielen Generationen regelmäßig „ausg'steckt" hat. Als singuläre Höhepunkte der Traiskirchner Gastlichkeit gelten dabei Michaela Stadlmanns Martiniganslessen und der traditionelle Heringsschmaus am Aschermittwoch, zwei Anlässe, für welche die Dame des Hauses zu ausgewählten Gutsweinen sogar eigene Menüs anbietet.

Während sich in Traiskirchen die Rot- und Weißweine noch die Waage halten, beginnt 8 km südöstlich von Baden die eigentliche Rotweininsel an der Südbahn, ein kleines Weinparadies, zu dessen vielfältigen Spezialitäten unter anderem die Tatsache zählt, daß hier alle Orte – Tattendorf, Teesdorf, Tribuswinkel, Trumau und natürlich auch Traiskirchen – mit einem T beginnen. Seit über einem Jahrzehnt gelingt es in dieser auf den ersten Blick nicht wirklich lieblichen Gegend einer Gruppe von Winzern, der speziellen Bodenbeschaffenheit ihres Gebiets mit schöner Regelmäßigkeit einige der größten österreichischen Rotweine eines Jahrgangs abzuringen. Schon seit 1256 wird hier, im Schwemmland zwischen Triesting und Piesting, auf kalkreichen und äußerst steinigen Trockenrasenböden Weinbau betrieben. Die Steine speichern die pannonische Sonnenwärme hier besonders gut und geben sie an die in der für Österreich seltenen Niederkulturziehung gereiften Trauben weiter. Den wohl bekanntesten Weinbaubetrieb dieser rotweinseligen Insel findet man an der schönen Tattendorfer Adresse „Im Weingarten", und schon von weitem erkennt man: Wenn Österreichs kleine Weinwelt, zumindest in architektonischer Hinsicht immer mehr einer Miniaturausgabe von Napa Valley ähnelt, so verdankt sie das Winzern wie Johannes Reinisch. Der Rotweinpapst aus dem Thermenland zählte zu den ersten, die nicht nur andachtsvoll anden Pforten kalifornischer Musterweingüter klopften, sondern der die dort gepflegte Philosophie auch in seine Heimat verpflanzte.

Seither steht inmitten von Tattendorf auch ein veritables Schmuckstückchen von einem Weingut, dem es an transatlantischen Accessoires vom kathedralenähnlichen Langschiff mit dem Glockentürmchen über Texas-Ranch-Elemente bis hin zum fashionablen Präsentationsraum und dem überbordenden Holzfaß-Schaukeller mit dezenter Hintergrundbeleuchtung an nichts, vor allem aber nicht an einer ausgeklügelten vinifikatorischen Logistik fehlt.

Johannes Reinisch, jeder Zoll eine stattliche Winzerpersönlichkeit von patriarchalisch-traditionellem Auftreten sowie dem Ehrgeiz des begeisterten, weltoffenen „Winemakers", hat sich damit einen Lebenstraum erfüllt, der bereits begann, als er im Alter von zwanzig Jahren gezwungen war, durch den plötzlichen Tod des vor allem auch im Obstbau tätigen Vaters, die Geschicke des Betriebs im Alleingang zu lenken.
Mittlerweile hat Reinisch senior in Junior Johannes Reinisch einen kongenialen (und ebenfalls Kalifornien-geschulten) Partner für die Durchführung zahlreicher Innovationen inmitten der „Rotweininsel" des Südbahngebiets gefunden, wo allerdings auch ganz ausgezeichnete Chardonnays in spürbarer New-World-Stilistik entstehen. Besonders sympathisch macht den Johanneshof jedoch eine Tatsache, die mit modernem Marketing rein gar nichts zu tun hat: Während fast alle anderen vergleichbaren Betriebe, seit sie „Winemaker" sind, ihre Heurigen-Vergangenheit längst hinter sich gelassen oder zumindest stark eingeschränkt haben, wird der Heurige im Johanneshof von „Heurigenwirtin" Veronika Reinisch mit demselben Elan (und vor allem mit den köstlichsten Schmankerln) geführt wie eh und je.
Es sind dennoch nicht nur die internationalen Reben, die den guten Ruf Tattendorfs in der Rotweinwelt begründen. Zu den autochthonen Eigentümlichkeiten der Rotweininsel zählt vor allem auch der Blaue Portugieser, wie man ihn beispielsweise im ebenfalls mit der Badnerbahn erreichbaren Tribuswinkel findet. Der Name der Ortschaft erinnert nicht von ungefähr an Johann Nestroys Theater-

s'Gwölb
Gina Zarski
Vorhänge
und
Accessoires
pers. Beratung
Fertigung
Dekoration
Möbel
Böheimgasse

stück *Freiheit in Krähwinkel* und spricht Bände. Will heißen: In diesen entlegenen Winkel findet, obwohl er gar nicht weit von Wien gelegen ist, nur, wer wirklich einen Grund dafür hat.
Gründe gibt es hier, in dem der Kurstadt Baden zunächstgelegenen Heurigenort 25 km vor den Toren Wiens, einige. Beispielsweise eine ausgedehnte Radtour entlang des alten Wiener Neustädter Kanals, der als 33 km langes Industriedenkmal aus dem 18. Jahrhundert überlebt hat und, obwohl er keinerlei strategische oder verkehrspolitische Bedeutung mehr besitzt, immer noch Wasser führt.
Ein anderer Grund, Tribuswinkel zu streifen, ist ein Besuch des Weinguts Aumann, das sich – dank Spitzenlagen in Tribuswinkel selbst, aber auch auf Sand-, Schotter- und Schwarzerdeböden in Baden oder Pfaffstätten – besonders im 97er Jahr zum veritablen „Shooting Star" der Thermenlinie gemausert hat. Wie viele andere Winzer in dieser Gegend verdankt auch das Weingut Aumann seine Popularität ursprünglich einem Heurigenbetrieb. Doch dann war da, wie so häufig in der modernen Weinwelt, plötzlich auch ein junger Winzer, der nicht nur wußte, was ein „Dämmerschoppen" und schunkelnde Gäste sind, sondern sich auch mit Dingen wie dem „Terroir" seiner Gegend beschäftigte, das Leopold Aumann „im Verhältnis zu unseren Möglichkeiten weitaus zuwenig genutzt" vorkam." Terroir", philosophiert der junge Winzer, „ist das Zusammentreffen von Faktoren wie Klima, Boden und Landschaft sowie einer unendlichen Zahl von weiteren Umständen." Leopold Aumann weiß jedoch auch, daß es mit den besten physiologischen Möglichkeiten nicht getan ist, wenn die Seele fehlt. Und er fügt hinzu: „Das ‚Terroir' kann immer nur den Charakter eines Weines beeinflussen. Derjenige, der die Qualität schafft, bleibt immer noch der Mensch."

Die Wiener Neustädter Domkirche verdankt ihre Existenz der regen Bautätigkeit, die Kaiser Friedrich III. während der Zeit seiner Residenz hier entfaltete. Die eindrucksvolle Hallenkirche ist vor allem durch ihre hervorragenden Glasgemälde von kunsthistorischer Bedeutung.

Seite 94/95: Weinlandschaft entlang der Südbahn bei Grossau.

Seite 96/97: Das Rosarium in Baden lockt nicht nur die Blicke von Blumenfreunden an, sondern bietet auch etwas fürs Gehör. Ob die von der Jordanischen Staatskapelle intonierten Melodien freilich von allen Parkbesuchern mitgesummt werden können, bleibt fraglich.

Daß die Gemeinde Fischamend ihren Namen zu Recht trägt, beweist der Fisch, der auf dem Stadttor den Wetterhahn ersetzt und die Windrichtung angibt.

FLEISS UND INDUSTRIE

VOM LAGERBIER BIS ZUR SALONIKIBAHN

Weit gedehnte, öde Strecken,
schmutzig-gelbe Wassertümpel,
einsam ragt der Schlot des Ofens
über morsche Bretterschuppen.
FERDINAND VON SAAR, DER ZIEGELSCHLAG

Das Getränk des industriellen Zeitalters

Wer von der Südbahn und vom Wienerwald spricht, der denkt an Wein. Tatsächlich jedoch liegt am südöstlichen Rand dieser rebendurchfluteten Gegend auch die Keimzelle der modernen Bierproduktion. Vor den Toren Wiens, in Schwechat, wurde nämlich nicht mehr und nicht weniger als der erfolgreichste Biertyp der Welt, das Lagerbier, erfunden – und das kam so: Im Zuge des von Kaiserin Maria Theresia organisierten „Großen Schwabenzugs" siedelten sich in dieser damals eher unwirtlichen Gegend viele fleißige Menschen, darunter auch ein aus Pfullendorf bei Überlingen am Bodensee gebürtiger Schwabe namens Franz Anton Dreher, an. Der gelernte Bierkellner erwarb das Brauhaus zu Klein-Schwechat 1787 um 19000 Gulden und schaffte es binnen kurzer Zeit nicht nur, den Betrieb zu modernisieren und in die Gewinnzone zu führen, sondern auch – was wohl noch wichtiger war – die Wertschätzung der gegenüber „Zugereisten" naturgemäß mißtrauischen Wiener Bierbrauer-Kollegen zu erlangen und es später gar zum Ehrentitel eines „Senior der sämtlichen Herren Bräumeister" zu bringen. Spät aber doch gründete der „Aufsteiger" aus Schwechat dann auch noch seine eigene Bierbrauerdynastie. Im hohen Alter von neunundsechzig Jahren ehelichte er die Müllerstochter Katharina Widter aus Petersdorf, und als ihm diese am 7. Juni 1810 einen Sohn namens Anton gebar, wurde diesem gewissermaßen bereits an der Wiege gesungen, daß er dereinst das erfolgreiche väterliche Brauhaus übernehmen würde.

Zunächst bereitete der junge Anton seiner Familie allerdings nur Sorgen. Als er, einem alten Braumeisterbrauch folgend, in einer Konkurrenzbrauerei beim Braumeister Meichl in Simmering praktizierte, sprach ihm dieser jegliche Befähigung für das Braumeisterhandwerk rundweg ab. Zu gleicher Zeit mit Dreher volontierte dort auch der Sohn des Spatenbräubesitzers in München, Gabriel Sedlmayr, mit dem sich Dreher anfreundete.

Zum Schrecken der gesamten Verwandtschaft eröffnete Dreher dem Familienrat eines Tages, er beabsichtige, sich mit Sedlmayr auf eine Studienreise nach England zu begeben. Ein Ansinnen, für das er sich prompt den Vorwurf gefallen lassen mußte, er werfe das Familienvermögen mit beiden Händen hinaus. Die England-Reise ließ sich für Anton Dreher zunächst auch wirklich nicht recht gut an. Die britischen Brauer wußten es nämlich zu verhindern, daß die beiden jungen Kiebitze – trotz vieler Empfehlungsschreiben – ihr Bier-Know-how auf dem britischen Inselreich erweitern konnten. Um von ihrer kostspieligen Reise nicht mit leeren Händen zurückzukommen, blieb Dreher und Sedlmayr also gar nichts anderes übrig, als sich als einfache Brauknechte zu verdingen. So lernten sie die Geheimnisse des damals in der ganzen Welt als führend geltenden englischen Bierbrauerhandwerks

Das architektonisch bedeutsame „Schömerhaus" in Klosterneuburg birgt heute die nicht minder berühmte Kunstsammlung Essl.

von der Pike auf kennen. Als Dreher nach Schwechat zurückkam, fand er die elterliche Brauerei stark verschuldet vor. Drehers Vater war mittlerweile verstorben, und ein Verwandter, den Dreher um einen Kredit bat, ließ ihn wissen: „Mein lieber Anton, der ist ein Narr, der Ihnen Geld leiht zu dem heruntergekommenen Geschäft." Auch die Belegschaft der väterlichen Brauerei stand dem jungen Bierbrauer mit eisiger Skepsis gegenüber. Als Dreher seine Mitarbeiter mit den neuen Braumethoden aus England konfrontierte, hatten sie für ihn nur Spott und Häme übrig. Er sei nun einmal ein Esel, mußte er sich sagen lassen, der von seiner Reise dümmer zurückgekommen sei, als er fortgegangen war. Am 5. Februar 1836 begann Dreher, den damals jedermann für einen „Wirrkopf" hielt, dennoch mit dem Brauen. Und am 1. April desselben Jahres – er fiel auf einen Karfreitag – hatte er schlußendlich doch noch einen Verwandten gefunden, der ihm das Geld lieh, um das Unternehmen von seiner Mutter zu pachten.

Damals erzeugte man in ganz Europa fast ausschließlich ein obergäriges, ebenso dunkles wie trübes Bier, das vielen Zeitgenossen als „recht miserabel" galt. Es wurde als sogenanntes „Kräusenbier" mitsamt der Hefe an die Wirte abgegeben, wo es vor dem Ausschank noch eine Weile nachgären mußte, um wenigstens einigermaßen vorzeigbar zu sein.

Dieser im wahrsten Sinn des Wortes reichlich trüben Bierqualität sagte Anton Dreher nunmehr den Kampf an, und bald mußten Mitbewerber wie Mitarbeiter einsehen, daß sie den jungen Mann doch ganz gewaltig unterschätzt hatten. Aufgrund seiner in Großbritannien gemachten Erfahrungen braute Dreher im September 1836 ein mildes und süffiges „Kaiserbier", das zwar ebenfalls noch obergärig war, aber alles bisher Dagewesene an Qualität übertraf. Bereits im ersten Monat der Produktion konnte Dreher seinen Bierausstoß damit verdreifachen. Weiteren finanziellen Aufschwung erhielt der junge Bierbrauer, als er im Juli 1838 die Kremser Gutsbesitzertochter Anna Wisgrill heiratete, die immerhin den stolzen Betrag von sechzigtausend Gulden mit in die Ehe brachte. Vierundzwanzigtausend davon wechselten bald wieder ihren Besitzer: Dreher kaufte das bisher gepachtete Brauhaus Klein-Schwechat von seiner Mutter – und war endlich selbst Brauherr.

Das industrielle Zeitalter wird im „Industrieviertel“ südlich von Wien auf immer mit dem Namen Anton Dreher verbunden bleiben, der im Winter 1840 in der ererbten Klein-Schwechater Brauerei das „erste Lagerbier der Welt“ braute und damit den Grundstein zum größten Braukonzern der Donaumonarchie legte.

Man schrieb das Jahr 1839, als Dreher endlich nicht nur das Selbstbewußtsein, sondern auch die Mittel aufbrachte, um seinen Betrieb auf Untergärung umzustellen und damit das einzuleiten, was in der Bierhistorie als die „Erfindung des Lagerbiers“ gilt. Drehers Brauführer, der damals erst vierundzwanzigjährige Johann Götz, wußte über diese Sternstunde in der Geschichte des Gerstensafts folgendes zu berichten: „Nun war es unser Streben, nämlich jenes des Herrn Anton Dreher II. und meines als seines Brauführers und rechte Hand im Braufache, untergärige Biere, Unterzeug, zu erzeugen. Dazu wurde im Herbst der Reif mit Sehnsucht herbeigewünscht; ich lief immer schon früh in den Garten, um am Grase mit der Hand und dem Auge zu constatiren, ob schon Reif sei, denn es war dazumals noch nicht Mode, einem Bräuführer einen Thermo-

Das 1133 von Leopold dem Heiligen gestiftete Zisterzienserkloster Heiligenkreuz ist mit seiner zwischen Romanik und Gotik eingebetteten zisterziensischen Architektur nicht nur ein kunsthistorisches Juwel von Weltrang, sondern auch eine Pilgerstätte, die nicht nur die größte nördlich der Alpen zu findende Reliquie vom Kreuz Jesu, sondern vor allem die Gräber der Babenbergerherzöge Leopold IV., Leopold V., Friedrich I. und Friedrich II. in der Annakapelle birgt.

meter an das Fenster zu geben, damit er die äußere Temperatur darauf ablesen könne. Man begann also im Winter 1840 damit, Unterzeug zu brauen, welches von den Gärbottichen in Fuhrfässer gefüllt und sogleich an die Bierwirte abgegeben wurde, welche sich damit bevorraten und das Bier erst in ihren Kellern ablagern mußten."

Der erste Wirt, der sein Bier nach einer solchen Keller-Lagerung ausschenkte, war der Fünfhauser Fuchs bei der „Kohlkreunze". Der Ausschank wurde zu einer kleinen Sensation: Bis in die späten Abendstunden hinein war der Zulauf der Menschen aus der Umgebung nicht zu bremsen, und es wird berichtet, daß aus dem Bierausschank ein veritables Volksfest wurde. Dreher wußte nunmehr, daß er auf dem richtigen Weg war und sein Bier, um es im großen Stil zu produzieren, lediglich in eigenen Kellerräumen lagern mußte. Da die räumliche Kapazität der Brauerei dafür allerdings zu gering war, mietete er in der Nachbarschaft verschiedene Lagerräume an und brachte 1841 erstmals das „Klein-Schwechater Lagerbier" auf den Markt, das erste Lagerbier der Welt. Der Erfolg dieser Biersorte war so groß, daß man in Schwechat anfangs gar nicht mit der Produktion nachkam. „Man muß sehr viel Gunst beim Bierversilberer Widter genießen", sagte man damals unter Wiener Bierwirten, „um in halbwegs annehmbarer Zeit zu dem gewünschten Bier zu kommen."

Dreher hatte alle Mühe, die erforderlichen Innovationen für seinen plötzlich so florierenden Betrieb zeitgerecht zu tätigen. 1842 eröffnete er den ersten mit Natureiskühlung ausgestatteten Lagerkeller. Und 1848 hatte er die Produktion schon von 26500 Eimern auf 110160 Eimer mehr als vervierfacht. Als erster Brauer Österreichs nahm er 1850 eine Dampfmaschine in Betrieb, und bereits 1859 war die „Klein Schwechater Brauerei" die größte des ganzen europäischen Festlands. Schwechater Lagerbier wurde damals bis Schweden, Algier, zum Bosporus und sogar bis nach Rio de Janeiro und Philadelphia exportiert. Und mit einer Gesamtproduktion von fünfviertel Millionen Hektoliter repräsentierten die Dreherschen Brauhäuser, die 1905 in „Anton Drehers Brauereien Aktiengesellschaft" eingebracht wurden, das größte Brauunternehmen der ganzen Welt – und es war für Drehers Konkurrenten alles andere als leicht, daneben zu bestehen.

Oben: Emmersberg (von Eimerberg) auf der „eimerförmigen" Vorlagerung der Hohen Wand. Das ehemalige Bollwerk der steiermärkischen Grenze war zwischen 1192–1308 Schauplatz von Kampfhandlungen etlicher Babenberger und Habsburger. Unter den Türken 1529 nahm sie besonders großen Schaden, war aber bis 1760 noch bewohnt.

Unten: Die Burg Liechtenstein ist, ähnlich wie der Husarentempel oder die Höldrichsmühle, einer der „magischen Punkte" jenes Zeitalters, das in seinem altertümelnden Interesse an einer für besser und reiner gehaltenen Vergangenheit sein Heil im Historismus und der Wiederentdeckung des Mittelalters sah.

Im sogenannten „Steinfeld" bei Tattendorf gibt es keineswegs nur Steine, auch wenn diese durch ihre intensive Sonnenabstrahlung das Gedeihen hervorragender Rotweine beschleunigen. „Fürs Auge" sind die weitläufigen Sonnenblumenfelder jedoch mindestens so schön wie Stein- und Weingärten.

Die Ruinenbaumeister

Das Beispiel Anton Drehers ist bei aller Spektakularität dennoch nur eines von vielen, die aus einem verzaubert-idyllischen Vorstadtgürtel das gemacht haben, was man eben doch nicht ganz zufällig „Industrieviertel" nennt. Wie nahe die Idylle mit Wasserfall und Weiher dem industriellen Fleiß mit seinen Schotter- und Ziegelteichen tatsächlich war, begreift man vielleicht am besten, wenn man der beiden künstlichen Ruinen im Mödlinger Föhrenwald gewahr wird, die selbst dem Kaiser als Vorbild für ähnlich dekorativ beschädigte Bauten inmitten des Laxenburger Schloßparks dienten. Der „Ruinenbaumeister" war in seinem „Brotberuf" Industrieller und ist unter „Hardtmuth, Joseph" im Brockhaus als Erfinder des Graphitbleistifts zu finden. In der heimischen Industriegeschichte hat er sich überdies

Der Wiener Neustädter Kanal, heute ein Paradies für Radfahrer, war einst das Produkt der Utopie, Wien durch eine Wasserstraße mit der Hafenstadt Triest zu verbinden. 1794 wurde bei Guntramsdorf mit den Grabungen begonnen; 1803 war der Kanal bereits bis Wiener Neustadt fertiggestellt. Die Weiterführung bis nach Ödenburg scheiterte jedoch am Widerstand ungarischer Magnaten.

als Hersteller des sogenannten Wiener Steinguts unsterblich gemacht. Seinen wahren Träumen hing der Industrielle aus Asparn indessen im Wienerwald nach, wo er sich im Auftrag des Fürsten Liechtenstein in der schönen Kunst übte, devastierte Bauwerke in größtmöglicher Vollendung zu konzipieren. Ruinen von ähnlicher, wenngleich unfreiwilliger Perfektion finden sich heute allenthalben im Viertel unter dem Wienerwald, vor allem im bildschönen Triestingtal, das seiner Industrialisierung nicht nur allerlei landschaftliche Zerschründungen, sondern auch Bauten von höchst eigentümlichem ästhetischem Reiz wie etwa die Hirtenberger Patronenfabrik, die aus einer Löffelmanufaktur hervorgegangene Berndorfer Eßbesteck-Fabrik oder die ehemalige Spiegelfabrik in Schloß Neuhaus verdankt, die bereits 1710 gegründet, aber 1830, also

Die Myrafälle bei Muggendorf zählen neben dem „Luckerten Stein" bei Pernitz zu den eindrucksvollsten „Naturwundern" der an solchen wahrlich nicht gerade armen wild-romantischen Gegend rund um Ferdinand Raimunds „zauberischen" Wohnort Gutenstein.

bevor das Zeitalter der industriellen Revolution noch so richtig begann, wieder geschlossen wurde. Eine äußerst intakte „Industrieruine" verbirgt sich indessen im Gebäude des blitzsauber renovierten und für den eigentlichen Bedarf viel zu großen Tattendorfer Bahnhofs. Er hätte eine der Schlüsselstationen, ja gewissermaßen das Tor zu einem der ehrgeizigsten Eisenbahnprojekte der alten Monarchie werden sollen: jener Wien–Saloniki-Bahn, deren Aufgabe darin bestanden hätte, den Wiener Neustädter Kanal als Verkehrslinie abzulösen, die aber letztlich einer jener vielen schönen Eisenbahnträume blieb, die für das Industriegebiet – man denke nur an die bereits 1932 eingestellte Bahn in die Hinterbrühl – geradezu konstitutiv sind. Zur romantischen Ruine verkommen ist auch das vielleicht verstiegenste Projekt dieser Region, der Wiener Neustädter Kanal selbst, ein einstmals kühner Wurf, aus dem mittlerweile ein vor allem von Radfahrern und Stechmücken geliebtes Steppenrinnsal geworden ist. Der aus Schwarza- und Leithawassern abgeleitete Kanal, der früher an der St. Marxer-Brücke in den Donaukanal mündete, verdankt seine Existenz der Vision einer internationalen Frachtschiffahrtslinie, die von Wien bis Triest führen sollte. Das ehrgeizige Unternehmen startete bereits im Jahre 1794 und maß 1803 bereits 50 km, auf denen Steinkohle, Ziegel und Holz mittels Pferdegarnituren, die auf den den Kanal säumenden Treppelwegen unterwegs waren, innerhalb von drei Tagen zwischen Wien und Wiener Neustadt transportiert werden konnten. Neben profaner Fracht verkehrte auch der Kaiser selbst mit einem Luxuskahn auf diesem Kanal, vor allem dann, wenn er sein im dazumal ziemlich fashionablen mittelalterlichen Stil erbautes Wasserschloß in Laxenburg aufsuchte.

Bis Triest ist das Projekt freilich nicht einmal annähernd vorgedrungen. Die 1811 bis Sopron geplante Verlängerung des Kanals versiegte im burgenländischen Weiler Pöttsching, da das neue Jahrhundert die Aussicht auf andere, schnellere und wesentlich weniger kostspielige Transportmöglichkeiten eröffnete. Doch der unschöne Name Industrieviertel hat auch noch ganz andere Gesichter als jenes eines stillen, von Libellen und Weberknechten frequentierten Brackwassers. Mehr oder minder ramponierte Zeigefinger des Industriezeitalters und seiner Folgen finden sich allenthalben im Thermen-

Oben: Anläßlich der Erhebung der Semmeringbahn zum UNESCO-Weltkulturerbe wurden die schönsten Streckenabschnitte – wie etwa hier der Viadukt bei Breitenstein oberhalb des legendären „Blunzenwirts" – in strahlend-festliches Licht getaucht.

Unten: Wasser für die Hauptstadt Wien: Aus sogenannten „Kaiserbründln" – wie diesem im Höllental – sprudelte jenes klare Quellwasser, das über die Wiener Hochquellenleitung in die alte Kaiserstadt abgeleitet wurde.

Den meisten achtlos Vorüberfahrenden gilt Neunkirchen als Zentrum älterer und neuerer Industrieansiedlungen. Dabei ist die Marktgemeinde mit ihrem offiziellen „Geburtsdatum" am 17. Dezember 1094 eine der ältesten des Ostalpenraumes und stellt das auch durch einen sehenswerten Stadtkern unter Beweis.

land südlich von Wien. Auf dem Semperitgelände von Traiskirchen – das, nebenbei bemerkt, auch die Welthauptstadt der Kokoskuppel ist – existierte bereits im 18. Jahrhundert eine Seidenflorfabrik, die 1896 in ein Werk umgewandelt wurde, das für Fiaker und Landauer nach dem lateinischen Motto „semper it", zu deutsch: „es bewegt sich immer", Gummireifen erzeugte. An weiteren Beispielen für industrielle Ansiedlungen fehlt es nicht: In Gumpoldskirchen wurde 1809 ein „Seidenfilatorium" gegründet, in dem man, wie Zeitgenossen berichten, „eine Art aufrechtstehender Haspeln von ungeheurer Größe" erblickte, „die sich um 9 Klafter hohe Wellbäume drehen und jedem Punkte ihres Umfangs zugleich eine Regsamkeit mitteilen, von der man sich keine Vorstellung machen kann". In Trumau bestand bereits 1839 eine Baumwollspinnerei.

In Tattendorf erbaute ein gewisser Franz Girardoni in den Jahren 1825–1828 einen aus der Triesting abgeleiteten Werkskanal. In Ebreichsdorf findet man in der 1773 gegründeten Tuchfabrik eines der bedeutendsten Beispiele barocker Industriearchitektur, in Pottendorf deutlich erkennbare Überreste der ersten mechanischen Spinnerei Österreichs. Und in Gramatneusiedl gibt es einen Ortsteil, der jedem Soziologen bereits im ersten Semester so geläufig ist wie einem Mathematiker der pythagoreische Lehrsatz: In der 1926 gegründeten, 1930 stillgelegten und mittlerweile teilweise durch ein chemisches Werk ersetzten Flachsspinnerei im Ortsteil Marienthal entstand eines der grundlegenden Werke der modernen Sozialwissenschaft: *Die Arbeitslosen von Marienthal* wurde in den dreißiger Jahren von Paul Lazarsfeld, Marie Jahoda und Heinrich Zeisel ver-

Die „Neue Welt“ am Fuße der Hohen Wand verdankt diesen Namen vermutlich ihrer extrem dünnen Besiedlung – weswegen sie möglicherweise gerade unter Waldbewohnern so beliebt ist, und zwar ganz besonders unter den vierbeinigen …

Seite 112/113: Die kunstvoll gearbeitete Säule am Badener Hauptplatz birgt zahlreiche, fein gearbeitete Details.

Seite 114/115: Ein „Wallfahrtsort“ für k. u. k.- Nostalgiker aus aller Welt ist das Wienerwald-Schloß Mayerling, Schauplatz jener „Tragödie von Mayerling“, in deren Verlauf sich Kronprinz Rudolf mit seiner in Heiligenkreuz bestatteten, damals erst 17jährigen Geliebten Mary Vetsera das Leben nahm.

faßt und ist heute – wieder – von geradezu beängstigender Aktualität. Teesdorf wiederum leistete seinen Beitrag zur niederösterreichischen Industriegeschichte indessen auf eher untypische Weise. Nicht so sehr die 1803 gegründete Baumwollspinnerei ist hier von Bedeutung, als vielmehr der Industriellensohn Hermann Broch, der mit seinen *Schlafwandlern* und dem *Tod des Vergil* neben Robert Musil vielleicht wesentlichste, aber wegen seiner schwierigen Texte vielleicht nicht ganz so populäre österreichische Romancier der ersten Jahrhunderthälfte. Er verdankte dem florierenden väterlichen Unternehmen nicht mehr und nicht weniger als seine literarische Karriere: Broch verkaufte es nämlich 1925, um sich fortan dem Schreiben widmen zu können.

Eine industrielle Welt ganz anderer, nämlich mikrokosmischer Bauart hat der 1860 geborene Offizier und Bahningenieur Johann Julius Korbuly aufgebaut. Sie begann in einem Baukasten, den der leidenschaftliche Bastler um die Jahrhundertwende als Spielzeug für seine beiden Söhne aus groben Holzklötzen fertigte und schlichtweg Matador nannte. Fast ein Jahrhundert lang sollten diese in der von Korbuly in Pfaffstätten errichteten Fabrik gefertigten Baukästen neugierige Buben und Mädchen mit seinem ganzen Formenschatz aus Rädern, Stäbchen und Klötzchen in die Welt der Technik einführen. Doch das Holz kam im selben Maße aus der Mode, wie es allmählich zu teuer wurde. Es wurde vorerst durch Metall, dann durch Plastik und schließlich durch Elektronik ersetzt. So wurde der Matador nach und nach zu einer Allegorie des Industrieviertels, dessen Kind er ist. Denn wie alles, was mit Fleiß und Industrie zu tun hat, erwies er sich als vergänglich gegenüber dem, was Fleiß und Industrie letztlich zustande bringen: nämlich Produktzyklen, die ihren Höhepunkt erreichen und danach wieder vergehen. Das Thermenland ist mittlerweile ein veritables Museum des auf dermaßen zyklische Weise Vergangenen geworden.

In Gutenstein im Piestingtal, das nicht zu Unrecht auch als „Biedermeiertal" bezeichnet wird, hat sich noch einiges an altem Brauchtum erhalten: Beim Begräbnis des „alten Grafen Hoyos" im Juni 1999 war nicht nur der ganze Ort auf den Beinen, auch die Blasmusik gab dem Aristokraten das letzte Geleit.

Die idyllische, oder besser: idyllisch verklärte, Zeit, in der man die Hinterbrühl – einst wegen ihrer wildromantischen Lieblichkeit auch „die österreichisches Schweiz“ genannt – mit dem Landauer oder der Elektrischen erreichte, ist heute ein für allemal vorbei. Mittlerweile erreicht man den Wienerwald bequem über die A 21. Freilich sollte man das Auto dann doch irgendwann abstellen: Denn die schönsten Plätze des Wienerwalds sind immer noch die entlegensten.

LANDPARTIEN

VON DER SCHUBERTIADE ZUM MOUNTAIN-BIKING

Die Straße jetzt, die Bank, die lieben Mühlen,
in fichtendunkeln Grund hineingebaut.
Treibender Wildbach du mit deinem kühlen
Kristallgeschäum und Silberschellenlaut.

ANTON WILDGANS, ZUEIGNUNG AN DIE GELIEBTE LANDSCHAFT

Obdach, Labung, Tod

Hier sind die schönsten Bäume, Lauben und Einsiedeleyen. Die Bäche rieseln unter dem traurigen Grün der Trauerweiden dahin, und aus den Platanen, Ahornen, Linden, Ulmen und Birken säuselt der stille Geist der Betrachtung, und die schmeichelnden Flügel der Fantasie schwirren und flüstern mit den Stimmen der Liebe um die lieblichen Lauben zusammen. Dieß ist eine wunderbare Gegend ..." So faßte der deutsche Schriftsteller Ernst Moritz Arndt 1798 den Eindruck zusammen, den ihm der Wienerwald in seiner damaligen Unberührtheit bot.

Etliche Jahrzehnte später – Wien war um diese Zeit schon um einiges gewachsen – beschreibt der Schriftsteller Adalbert Stifter hier nicht mehr die „Einsiedeleyen" und unberührten Naturidyllen, sondern sieht bereits allenthalben munteres Volk durch die Mischwälder ziehen. Es fiel ihm auf, „daß immer schöne Punkte und Wirtshäuser beieinander stehen. Die Wiener Backhühner sind deshalb ordentlich berühmt geworden, genauso wie unser ewiges Weintrinken." Wo immer der Wienerwald-Ausflügler nämlich danach suche, fährt Stifter fort, finde er „barmherzige Menschen, die gerne ein Wirtshaus bauen, um den wandernden Wienern ein Obdach und Labung zu geben". Erfreulicherweise gibt es, auch wenn der Wienerwald sein Gesicht seit Adalbert Stifter doch einigermaßen verändert hat, solche „barmherzigen Menschen" heute noch, und gerade in unserer hektischen Epoche steigt wieder das zutiefst biedermeierliche Bedürfnis nach intakter Waldeinsamkeit, wie wir sie von den romantischen Ölgemälden Georg Waldmüllers oder Friedrich Gauermanns kennen. Selbst Landpartien alten Stils kommen – zur großen Freude der Picknickkorbverkäufer – allmählich wieder in Mode und pflegen traditionellerweise in einer der typischen Buschenschanken und Wienerwald-Gastwirtschaften zu enden, die gerne als „Schutzhäuser" bezeichnet werden, auch wenn der einzige Schutz, den man dort findet, häufig der sogenannte „Musikschutz" ist.

Der Musikschutz – gewöhnlich eine kleine Gebühr, die von den Musikanten in Ausflugsgasthöfen und Buschenschanken eingehoben wird – ist allerdings keineswegs das einzig Musikalische am Wienerwald. Beschwingte „Geschichten aus dem Wienerwald" gibt es nämlich unzählige, die meisten davon sind walzer- und heurigenselig, manche aber auch melancholisch. Süßlicher Kitsch und harte Realität lagen in Wien schon immer ganz besonders nahe beieinander, und so ist auch der Wienerwald im Spannungsfeld zwischen Schubertiade und Mayerling-Tragödie, also gewissermaßen zwischen Kunst- und Küchenlied, fast zu so etwas wie einem Sinnbild für die zartbittere Facette des „goldenen Wiener Herzens" geworden. Ein Fiaker namens Bratfisch, der schweigen konnte wie ein Grab. Mary Vetsera,

Ein kleiner Ausritt gefällig? – An manchen (leider allerdings an immer weniger) Orten des Wienerwalds kann man sich tatsächlich einbilden, daß das Auto noch gar nicht erfunden worden sei.

eine wunderschöne junge Lady von niederem Adel, die die Schranken ihres Standes vergaß und sich in keinen Geringeren als den Thronfolger des Habsburgerreiches verliebte. Und schließlich der junge Kronprinz Rudolf selbst, der zwar von seinem Vater Kaiser Franz Joseph die Würde, aber von seiner Mutter Elisabeth auch den Wahnsinn geerbt hatte. Das sind die Protagonisten eines Dramas, über dessen wahren Hergang die Historiker heute noch rätseln, und das genau jenen Stoff bietet, aus dem die Träume der Untertanen sind. Wer versucht, der Tragödie vor Ort nachzuspüren, wird allerdings enttäuscht sein. Das „gewisse Prickeln", sich am Schauplatz der Tragödie von Mayerling zu befinden, in deren Verlauf Kronprinz Rudolf unter zwar historisch geklärten, aber doch immer wieder recht geheimnisvoll verbrämten Umständen mit seiner erst siebzehnjährigen Geliebten ums Leben kam, wirkt sicherlich wesentlich eindrucksvoller, als es das kleine Jagdschlößchen mit dem angeschlossenen Kloster an der Via Sacra (siehe Kapitel *Wallfährten)* selbst ist.

Kleine Wienerwaldkunde

Der Wienerwald ist, was immer er sonst noch ist oder zu sein vorgibt, zunächst einmal der Wald, der den namensgebenden Wienfluß an beiden Ufern säumt. Namensgebend war der von den Kelten Vedunia und von den Slawen Vedunja – zu deutsch: Waldbach – genannte Fluß gleich im doppelten Sinne, lieh er doch sowohl der römischen Stadt Vindobona (slawisch: Venja) als auch dem Wald, in dem er entspringt, seinen schönen Namen.
Das Quellwasser der Wien sprudelt südlich von Rekawinkel und fließt gleich darauf durch Pressbaum, wo sie kurz darauf im Wienerwaldsee gestaut wird, als romantisches und 1882 in Marmor gefaßtes „Kaiserbründl" aus dem Sandstein des Kaiserbrunnbergs inmitten der sogenannten Flyschzone. Es handelt sich also nicht um einen kalkhaltigen Gebirgsbach, der weiße Gletscherwasser zu Tal bringt, sondern um ein eher gemächliches, man könnte fast meinen, ein gutbürgerliches Gewässer, in dessen Verlauf sich immerhin 124 Nebenbäche einklinken, was dem Wienfluß zuletzt – auch wenn er seit der Regulierung in den Jahren 1897 bis 1906 auf Wiener Stadtgebiet alles andere als üppig aussehen mag – doch noch zu einer gewissen Stattlichkeit verhilft, die bei Hochwasser sogar in ein nicht zu unterschätzendes Brausen, Reißen und Rauschen umzuschlagen vermag.
Doch nicht alles am Wienerwald ist, wie das Quellgebiet der Wien, auf Sandstein gebaut. Geologisch betrachtet ist der Wienerwald als Teil des Wiener Beckens einer der östlichsten Ausläufer der Alpen, die hier nur noch manche kleine Kalkklippe zwischen grünen Matten hervorlugen lassen und sich im übrigen statt wild und zerklüftet in ihrer sanfthügeligen und von farbenprächtigem Mischwald durchsetzten Form präsentieren.
Bei näherer Betrachtung erweist sich der Wienerwald, der schon den alten Griechen als „ketion oros" (Waldgebirge) bekannt war und später „Mons Comagenus" oder auch „Cumenberg" genannt wurde,

Wienerwald-Idyll bei Bad Vöslau

Von der Aussichtsplattform der Warte auf der Hohen Wand erschließt sich dem Bergwanderer ein Panoramablick, der über das Rosaliengebirge hinweg bis weit in die ungarische Tiefebenene reicht.

als durchaus janusköpfige Gesteinsformation, die im Norden aus Sandstein und im Süden aus Kalk aufgebaut ist. Was übrigens nicht nur der Geologe, sondern auch der Wanderer merkt. Gilt in der wasserresistenten Sandsteinzone schon nach kürzeren Regengüssen die Devise „Hupf in Gatsch und schlag a Well'n", so absorbiert der poröse Kalkstein die Niederschläge wesentlich schneller und hält die Wege weitgehend trocken.
Wasserliebende Pflanzen haben es daher in der südlichen Kalkzone des Wienerwalds nicht allzu leicht, da ihnen der Saft gewissermaßen unter den Wurzeln wegsickert. Aus diesem Grund findet man in der Kalkzone des Wienerwalds auch eher asketische Gewächse wie Schwarzföhre, Steinmispel und Felsenbirne, während die von den romantischen Wienerwald-Malern bevorzugten Laubwälder aus Hain- und Rotbuchen eher im nördlichen Teil zu finden sind. Die Grenzen sind freilich fließend, und so bietet sich dem wandernden Besucher das Erlebnis eines von der Natur (mit etwas menschlichem Zutun) oft geradezu aufregend „gemischten Waldes".
Jahrhundertelang haben die Wiener von ihrem Wald nicht allzuviel gehabt. Bevor im 19. Jahrhundert unverbesserliche Romantiker – allen voran die ersten Reisefeuilletonisten vom Schlag eines Johann Gottfried Seume, Ernst Moritz Arndt oder Franz Anton de Paula Gaheis – den Wienerwald für sich und ein zunehmend lesefreudiges, bürgerliches Publikum entdeckten, wurde in den weitgehend unbewohnten Waldungen nur Holz gefällt, in „kaiserlichen Öfen" Kalk gebrannt, Pech gesotten und vor allem dem edlen Waidwerk gefrönt. Als der Habsburgerherrscher nächstes Jagdrevier war der Wienerwald mit seinem Reichtum an Rehen, Hirschen und Wildschweinen, in dem man bis ins vorige Jahrhundert auch noch auf Wölfe, Luchse und Bären traf, für die Bevölkerung so gut wie tabu. Der geringste Wild- und Flurfrevel wurde noch zu Zeiten Kaiserin Maria Theresias aufs strengste geahndet, und erst der liberale Josef II. öffnete den Park für die Wiener, indem er die habsburgischen Jagdgründe auf den heutigen Lainzer Tiergarten reduzierte und von einer Mauer einsäumen ließ. Erst damals wurde der Weg in die übrigen Wälder frei, und die Gaheisschen *Wanderungen und Spazierfahrten in die Gegenden um Wien,* die zwischen 1797 und 1808 in immerhin sieben Bänden erschienen, konnten sich zu einem Best-

Einen der vielen Beweise, daß die Kulturlandschaft Wienerwald vor allem auch eine Theaterlandschaft ist, liefert das Stadttheater Berndorf, das sich immer wieder auch zeitgemäßen und zeitkritischen Stücken widmet.

seller der beginnenden Biedermeierzeit entwickeln. Der Wienerwald, so stellte sich schon bald heraus, war ein ideales Objekt des Rückzugs einer zunehmend auf kleine Fluchten aus dem Alltag bedachten Gesellschaft. In seinem Wesen nicht romantischer als andere Wälder, wurde er aus dem Geist der Romantik neu geboren und zu deren geradezu abgöttisch verehrter Ikone.

Dennoch wäre den Wienern ihr Wald mitsamt all seinen idyllischen Fluchtpunkten – mit den schier uferlosen Weinrieden an seinen Rändern, mit den dichten Buchenabschnitten im Norden und den schattigen Schwarzkieferhainen im Süden – jedoch um ein Haar abhanden gekommen. Geschäftemacher und Spekulanten erhofften sich damals, auf dem Höhepunkt der in ökologischer Hinsicht besonders erbarmungslosen Wiener „Gründerzeit", von der Abholzung des gesamten Baumbestandes nämlich saftige Gewinne. Und es ist einem Journalisten, Kommunalpolitiker und Bürgerrechtler zu verdanken, daß der Wienerwald heute nicht wie der slowenische Karst aussieht. Der „Retter des Wienerwalds" hieß Josef Schöffel und mobilisierte – ein ferner Ahnherr der heutigen Grün-Bewegung – vor allem die Bürger von Mödling, um den Raubbau an ihrer Landschaft durch einen einsamen Akt von Zivilcourage in allerletzter Minute zu verhindern. Dabei war Josef Schöffel, wie fast alle, die Großes für Wien und seine Umgebung leisteten, kein Wiener. Er wurde 1832 im böhmischen Brünn geboren und starb 1910 in Mödling, dessen Bürgermeister er von 1873 bis 1882 gewesen ist. In den Jahren, bevor er dieses Amt antrat, führte Schöffel jedoch als Redakteur des *Wiener Tagblatts* seine „Schlacht um den Wienerwald", die mit einer anderen Schlacht – nämlich jener von Königgrätz – begann. Um die mit dem verlorenen Krieg gegen die Preußen verbundenen Verluste einigermaßen zu konsolidieren, gründete

Einer der schönsten Bauten im Viertel unter dem Wienerwald ist zweifellos Laxenburg, das ehemalige kaiserliche Lustschloß, dessen eigentliche Attraktion jedoch nicht das heute als internationales Konferenzzentrum dienende Schloßgebäude ist, sondern der durch seinen mächtigen Altbaumbestand beeindruckende „Englische Garten" mit vielen künstlich angelegten Ruinen und Wasserkanälen, Brücken, Teichen und Inseln, in deren Mitte sich sogar eine in ihrem Kern noch aus dem 12. Jh. stammende „Wasserburg" im Dornröschenstil erhebt.

Was oft leicht abschätzig als „Laubsägearchitektur“ bezeichnet wird, ist in Wahrheit ein typisches Stilelement der Villenbauweise des 19. Jh.s, die den Repräsentationsanspruch hochherrschaftlicher Bauwerke mit dem Bedürfnis nach Luftigkeit und Leichtigkeit verband, wie man es etwa mit dieser Luftgitter-Loggia in Bad Vöslau idealtypisch verwirklicht findet.

die damals chronisch finanzmarode Donaumonarchie ein eigenes „Staatsgüter-Verschleißbureau“, das die Staatskassen durch Veräußerung öffentlicher Besitztümer wieder auffüllen sollte. Eine der lukrativsten Waren, die von diesem Büro „verschlissen“ werden sollte, war Bauholz aus dem Wienerwald, und die zuständige Forstbehörde war mit dem Holzhändler Moritz Hirschl auch bereits handelseins geworden, den Wiener Grüngürtel nur noch in Festmetern zu quantifizieren und seiner bevorstehenden Abholzung, die dem Staat ein geschätztes Volumen von zwanzig Millionen Gulden einbringen sollte, nichts mehr entgegenzusetzen.
Um so mehr tat dies indessen Josef Schöffel in seinem Feldzug gegen die „k.u.k. Mafia“, wie er die von ihm der Korruption bezichtigten Verschleiß-Beamten nannte. Sein vehement vorgetragener Protest

erwies sich, trotz mancher Rückschläge und zahlreicher gegen ihn angestrengter Ehrenbeleidigungsklagen, letztlich als erfolgreich: Am 14. April 1872 wurde ein allgemeines Schlägerungsverbot erlassen, und Schöffel zog triumphal als Abgeordneter in den Reichstag ein. Auch heute wünschen sich manche Wienerwaldbewohner manchmal wieder einen Josef Schöffel zurück, der mit ähnlicher Vehemenz, wie seinerzeit gegen die geplante Rodung, gegen die Umweltsünden des automobilisierten Ausflugsverkehrs auftreten möge. Seit die Pferdekutschen von anno dazumal nämlich durch Pkws ersetzt wurden, drohen Abgase dem Wienerwald auf zwar langsamere, aber letztlich ähnlich wirksame Weise den Garaus zu machen, wie es seinerzeit die frühkapitalistischen Spekulanten im Sinn hatten.

Längst sind es daher nicht mehr nur die Mödlinger, die sich Sorgen um den Wienerwald machen, sondern auch die Wiener selbst. Denn Wien und der Wienerwald – das sind zwei Legenden, die untrennbar miteinander verknüpft und zwischen denen die Grenzen verlaufend sind. Große Teile des Wiener Stadtgebiets wie etwa der Kahlenberg und der Leopoldsberg, der riesenhafte Lainzer Tiergarten oder der Hermannskogel mit dem sagenumwobenen Agnesbründl gehören ebenso zum Wienerwald wie der bereits in Niederösterreich liegende Tulbingerkogel, die Hinterbrühl oder der Anninger.

Rund um den Anninger

„Der Anninger ist ein Wienerwaldhügel", schreibt Hans Heinz Hahnl in seinem Buch über „Die Einsiedler vom Anninger", „da grünt es im Frühling, da schießen die Stämme in Saft, da welkt es im Herbst, Pfefferminze und Knoblauch wachsen wild durcheinander, im Norden stehen die festesten Königspilze, im Süden gedeiht der süßeste Wein … Der Blick in die Wälder, in die Ebene, hinauf ins Böhmische, das hinwegdämmert, hinunter ins Pannonische, das heraufblaut, macht den Anninger zum Ruhepunkt der Welt."

Was der Wiener Feuilletonist und Theaterkritiker da in seinem in bester herzmanovsky-orlandoscher Tradition üppig-tarockanische Blüten tragenden Roman postuliert, mag jenem, der mit der Südbahn achtlos an der bewaldeten Südflanke des Wienerwalds vorbeifährt und im Anninger nur einen dekorativen Waldsaum des Weingartengürtels erblickt, etwas übertrieben scheinen. Dennoch entwickelt der mit seinen 675 m Seehöhe höchste Berg im Bezirk Mödling eine höchst eigentümliche Magie, sobald man sein Einzugsgebiet, etwa am Gumpoldskirchner Kalvarienberg, betritt und sich auf seine verschlungenen, langsam, aber nicht immer gemächlich an Höhe gewinnenden Pfade, seine verwunschenen Quellen, wie den Eschenbrunnen, den Buchbrunnen oder das Maibründl, sowie die einsamen Rastplätze mit seltsamen Namen, wie etwa die Schutzhütte zur „Krausten Linde", einläßt.

Was für den Anninger-Neuling wie ein „ganz gewöhnlicher Wanderweg" wirken mag, ist für den Kenner mit geheimnisvollen Schlupfwinkeln und seltsamen Gesteinsformationen nur so gespickt. So erweist sich das Kalkgebirge unter den Waldböden als ein geradezu ideales Baumaterial für romantische kleine Höhlen aller Art, vor allem von jener, in der die von Hans Heinz Hahnl ausgemachten Eremiten hausten; und man braucht tatsächlich nur ein wenig vom Wege abzuweichen, und schon scheint sich die Innenwelt des Berges dem Neugierigen an vielerlei luft- und lichtdurchlässigen Orten zu öffnen. Da gibt es etwa die noch von der Brandung des Urmeers aus dem Gestein gewaschene Einödhöhle, in welcher der Sage nach der Riese Einöder lebt, dessen wind- und wettergegerbtes Antlitz man mit etwas Phantasie auch im Felsgestein wiedererkennen kann. Seine Freundinnen, schöne weibliche Waldgeister, bewohnen die Elfenhöhle in unmittelbarer Nachbarschaft und bewachen dort der Legende nach Schneewittchens Grab. Und im Siebenbrunnengraben befindet sich, nicht weit vom Gumpoldskirchner Aufstieg, die sogenannte „Dreidärrische Höhle", die ihren Namen drei menschenähnlichen Felsen verdankt, die sich, da unbeweglich, „därrisch" stellen, was auf wienerisch soviel wie schwerhörig bedeutet. Im Winter kann diese märchenhafte Grotte, entsprechend kalte Witterung vorausgesetzt, fast wie eine Eishöhle aussehen, auch wenn es – seit die Höhle im Zweiten Weltkrieg von Wandalen arg hergenommen wurde – nicht mehr ratsam ist, sich allzu tief hineinzuwagen. Es herrscht nämlich Einsturzgefahr. Auf jede Weise unbedenklich ist hingegen der Aufstieg auf den Anningergipfel, wo neben Speis und Trank im Anningerhaus gleich zwei Aussichtswarten – die Wilhelms- und die Jubiläumswarte – für die Mühsal des Aufstiegs mit Panoramablicken belohnen, wie sie selbst im auch ansonsten recht aussichtsreichen Wienerwald (man denke nur an die Leopold-Figl-Warte am Tulbingerkogel, die Matras-Warte am Schöpfl oder die Habsburg-Warte am Hermannskogel) nur selten sind. An klaren Tagen kann man hier bis tief ins Ötscherland sehen und blickt, je nachdem, wie man sich dreht, über das Leithagebirge hinweg bis nach Ungarn oder über die Wienerstadt hinweg bis zu den Kleinen Karpaten.

Naherholung

Die Stadt Wien hat sich in den vergangenen zweihundert Jahren, wie wohl alle Großstädte dieser Welt, mit ihren Eingemeindungsbestrebungen durchaus als gefräßig erwiesen und vieles, was früher Wiener Umland war, kurzerhand zu Stadtgebiet umfunktioniert. Manche Ortschaften konnten sich diesen Tendenzen allerdings bis auf den heutigen Tag mit Erfolg entziehen und sind eigenständige niederösterreichische Gemeinden geblieben.
Eine der schönsten davon ist zweifellos Laxenburg, das ehemalige kaiserliche Lustschloß, dessen eigentliche Attraktion jedoch nicht das heute als internationales Konferenzzentrum dienende Schloßgebäude ist, sondern der durch seinen mächtigen Altbaumbestand beeindruckende „Englische Garten" mit vielen künstlich angelegten Ruinen und Wasserkanälen, Brücken, Teichen und Inseln, in deren Mitte sich sogar eine in ihrem Kern noch aus dem zwölften Jahrhundert stammende „Wasserburg" im Dornröschenstil erhebt, von der es nur ein Katzensprung zu einem echten ritterlichen Turnierplatz ist.
Auf ganz ähnliche Weise altehrwürdig ist die Marktgemeinde Perchtoldsdorf, die wegen ihrer bemer-

Schon immer ist das Viertel unter dem Wienerwald in ganz besonderem Maße auch eine literarische Landschaft gewesen, die mit ungezählten Dichtern und Autoren wie Tannhäuser, Walther von der Vogelweide, Grillparzer, Schnitzler, Broch, Altenberg, Hofmannsthal, Wildgans oder Csokor sowie deren Werken verbunden wird. Es ist allerdings, wie diese alte Buchhandlung beim Badener Hauptplatz beweist, nicht nur ein Viertel, in dem und über das viel geschrieben wurde, sondern auch eines, in dem heute noch viel gelesen wird.

MÜLLER
BUCHHANDLUNG
KLEINE GALERIE
WÖBER

„Strandleben" in Petronell

kenswerten mittelalterlichen Architektur und der Anhäufung spitzwegerischer Idyllen inmitten lieblicher Umgebung und einer vor allem von weniger lieblichen Moutainbikern geschätzten Heidelandschaft auch gerne „das niederösterreichische Meran" genannt wird. Im Mittelpunkt dieses historischen Marktes und Weinbauortes im Süden Wiens, in dem, vielleicht nicht zufällig, die meisten von Hugo Wolfs berühmten *Mörike-Liedern* entstanden, stehen die Pfarrkirche mit dem weithin sichtbaren Wehrturm sowie die Herzogsburg aus dem 14. Jahrhundert. Viele Heurigenschenken laden hier zum Verweilen ein. Und der alljährlich im Anschluß an die Weinlese stattfindende bunte „Hüterumzug" zählt zu den ältesten Weinbräuchen, die in Niederösterreich erhalten geblieben sind. Die wichtigste „Pufferzone" zwischen Wien und dem Wienerwald ist jedoch nicht Perchtoldsdorf, sondern ohne jeden Zweifel Mödling, das, obwohl es auf den ersten Blick wie eine Verlängerung Wiens wirkt, eine der größten und bedeutendsten Städte Niederösterreichs ist, deren Besiedlung schon auf die Jungstein- und die Awarenzeit zurückgeht. In der Biedermeierzeit nannte man die Landschaft rund um Mödling „Brühl", was im Grunde nichts anderes als „eine mit Büschen bedeckte Wiesen- und Aulandschaft" bedeutet.
Es handelt sich um das Tal und das Einzugsgebiet des Mödlinger Bachs, der in der „Klausen" zwischen Mödling und der Brühl den Weg in eine malerische Felslandschaft von wildromantischer Lieblichkeit eröffnet, die dem Tal auch den Beinamen „die niederösterreichische Schweiz" einbrachte, die man zwischen 1883 und 1932 sogar mit einer elektrischen Tramway erreichte, an die heute nur noch ein Denkmalswaggon in Vorderbrühl erinnert.
Der „Mödlinger Wildbach", wie er einst wegen seiner gefürchteten Neigung, weit über die Ufer zu treten, getauft wurde, hat seinen Ursprung am Winkelberg im Wienerwald und fließt über die Ausflugsorte Gaaden und Hinterbrühl bis nach Mödling, um schließlich hinter Wiener Neudorf, Biedermannsdorf und Achau in die Schwechat zu münden.
„Immer dem Bache nach" zog es, wie es im Schubertlied heißt, besonders die Künstler der Wiener Klassik und Romantik, zu denen Schubert selbst ebenso zählte wie Beethoven, Grillparzer oder Raimund, und sogar Richard Wagner weilte hier zur Kur. In Mödling befand sich daher auch nicht nur

Das blieb vom vielleicht größten imperialen Jagdrevier der Welt, als welches der Wienerwald früher galt. Erst unter Josef II. wurde das Jagdgebiet auf die Ausmaße des heutigen Lainzer Tiergartens reduziert und mit einer Mauer umgrenzt. Mittlerweile ist sogar dieser Tiergarten für die Öffentlichkeit zugänglich, die sich von den „Frischlingen" der hier äußerst weit verbreiteten Wildschweine meist aufs äußerste entzückt zeigt.

das heute noch im Gemeindemuseum zu besichtigende „Beethoven-Zimmer", sondern man entdeckt, wenn man seinen Blick für Gedenktafeln und Straßennamen schärft, eine Fülle von kulturhistorischen Memorabilien. Lebten und arbeiteten hier doch, meist länger oder zumindest zeitweise, zahlreiche Maler, allen voran Gustav Klimt, Schriftsteller wie Anton Wildgans und Franz Theodor Csokor, der Philosoph Johann Gaunersdorfer, der spätere tschechoslowakische Präsident Thomas G. Masaryk oder die Meister der Neuen Wiener Schule von Arnold Schönberg über Anton Webern bis Josef Matthias Hauer. Sie alle vereinte ein Lebensgefühl, das heute nur noch schwer nachzuvollziehen ist, das aber Franz Theodor Csokor in zwei Zeilen poetisch präzisierte: „Nebelmondnacht, weichgelöste, über meiner kleinen Stadt,/drin mein Sein, das allzuklare, seltsam sich verworren hat." Und sie alle verlustierten sich an jener zwischen Natur und Kunstnatur wundersam eingebetteten Landschaft, die mit ihren zwischen Föhrenwäldern verborgenen Ruinen und antikisierten Tempeln zum Teil heute noch wie auf einem kolorierten Kupferstich wirkt. Die Hinterbrühl ist reich an „magischen Punkten" wie etwa der Höldrichsmühle, wo Franz Schubert sich zu seinem weltberühmten Lied *Am Brunnen vor dem Tore* inspirieren ließ und heute ein gediegenes Hotelrestaurant steht, oder dem dorisch angehauchten Husarentempel, den man über den sogenannten „Hexensitz" erreicht und der im Jahre 1813 im Auftrag des Fürsten Liechtenstein von Josef Kornhäusel als Erinnerungsstätte an die sieben in der Schlacht von Aspern gefallenen Kampfgefährten des Fürsten errichtet wurde. Der Vorliebe des „Ruinenbaumeisters" Fürst Liechtenstein für eklektische Schauerromantik verdankt die Region Mödling daneben noch eine ganze Reihe im wahrsten Sinne des Wortes pittoresker Sehenswürdigkeiten wie das Pfefferbüchsel, die Ruine Köhlerhütte, ein römisches Amphitheater, künstlich angelegte Föhrenfelsen und den unheimlich anmutenden „Schwarzen Turm". Romantik ganz anderer, aber ebenfalls eher düsterer Art umgibt jenen, der einen Abstecher in die Seegrotte von Hinterbrühl riskiert. Nach einem Stollenrundgang, der im flackernden Laternenlicht durch ein nach einer Katastrophe im Jahre 1912 stillgelegtes Gipsbergwerk führt, kann man als Höhepunkt der Reise in die Finsternis eine Rundfahrt über den unterirdischen „Blauen See" machen, der eine ideale Kulisse für Spielberg-Filme wie den *Jäger des verlorenen Schatzes* abgäbe (aber auch tatsächlich immer wieder eine für verschiedene Bergwerks- und Abenteuerfilme abgegeben hat), und das keineswegs nur deshalb, weil die Nazis in diesem Stollenlabyrinth während des Zweiten Weltkriegs eine geheime Waffenkammer unterhielten, in der zweitausend Zwangsarbeiter der Heinkel-Werke mit dem Bau des HE 162, des ersten Düsenjägers der Welt, beschäftigt waren. Mittlerweile ist die Grotte, nachdem der Rüstungsbetrieb in den letzten Kriegstagen bombardiert wurde, wieder friedlich geworden und erinnert eher an jene Zeit, als man hier noch in aller Ruhe, aber letztlich doch vergeblich versuchte, eine unterirdische Champignonkultur anzulegen. Mit den schifferlfahrenden Sonntagsausflüglern, so hat man die Erfahrung gemacht, ist man jedenfalls besser dran.

Gewiß ist jene idyllische, oder sagen wir lieber: jene idyllisch verklärte Zeit, in der man die Hinterbrühl mit dem Landauer oder der Elektrischen erreichte, heute ein für allemal vorbei. Dafür hat der Wienerwald mittlerweile mit der A21 einen bequemen Autobahnableger bekommen, der die südlichen Kalkberge des Wienerwalds mit der Flyschzone im Norden ebenso verbindet wie die West- und die Südautobahn. Dort, wo der Wienerwald im Norden allmählich zur Donau abfällt, findet man, am Rande des Tullnerfelds, noch einige der schönsten Wienerwald-Flecken wie etwa den Tulbingerkogel mit seinem traditionsreichen Berghotel, die wildromantische Hagenbach-Klamm oder das entzückende Wienerwald-Nest namens Altenberg, dessen Namen sich der literarische Fin de siècle-„Pointilist" Richard Engländer als Pseudonym zulegte, um sich fürderhin Peter Altenberg zu nennen. Wer heute in Altenberg nach Prominenz fragt, wird von den Einheimischen allerdings eher auf das Wohnhaus von Nobelpreisträger Konrad Lorenz verwiesen werden, der sich hier dem Studium des Verhaltens jener Graugänse widmete, von denen er tierlieb behauptete: „Eine Gans, die ich persönlich gekannt habe, würde ich niemals essen."

Im Norden des Wienerwalds findet sich aber auch, am Fuße des Leopoldsbergs, der spirituelle „Zwilling" von Heiligenkreuz: Das Augustiner-Chorherren-Stift Klosterneuburg ist das zweite große Wienerwald-Kloster und wäre, trotz seiner ohnedies beträchtlichen Ausmaße, unter anderen historischen Umständen sicherlich noch größer geraten. Kaiser Karl VI. wollte dieses von Leopold dem Heiligen 1108 unter sagenhaften Umständen gegründete Stift (es soll an jener Stelle entstanden sein, an welche der Wind den verlorenen Schleier seiner frommen Gattin trug) zu einem „Wiener Escorial", einem echten Gottespalast, wie ihn sein Verwandter Philipp II. vor den Toren Madrids errichtet hatte, ausbauen, starb aber lange bevor seine Pläne zur Gänze verwirklicht waren. Sehenswert sind dennoch das Grab des hl. Leopold, der berühmte Verduner Altar aus dem Jahre 1181, eine aus 51 Relieftafeln mit biblischen Szenen bestehende Emailarbeit, und die Schatzkammer mit dem Erzherzogshut. Und am „Leopolditag", dem 15. November, findet in den

Der spätromanische Karner zählt – gemeinsam mit Herzogshof, Schrannenplatz, Rathaus, Stadtmuseum, Beethoven-Gedenkstätte und Thonet-Schlößl – zu den vielen Sehenswürdigkeiten der Stadt Mödling, die schon von Walther von der Vogelweide besungen wurde. Er bezeichnete die hiesige Residenz seines babenbergischen Förderers Heinrich II. Jasomirgott schlicht und einfach als „Musenhof".

weitläufigen Weinkellern des Stifts das traditionelle „Faßlrutschen“, ein Mittelding aus altem Fruchtbarkeitsbrauch und feuchtfröhlicher Gaudi, statt. Lustig und ausgelassen ging es zumindest an den von Weinreben bewachsenen Nord- und Südrändern des Wienerwalds, wie man sieht, also schon immer her. Doch auch traurig und nachdenklich stimmt einen bis heute vieles in diesem Wald, der, wenn man die Polizeiberichte der Wienerwaldgemeinden genau liest, auf Selbstmörder eine ähnliche Faszination auszuüben scheint wie der Eiffelturm oder die Golden-Gate-Brücke. Und wenn Ödön von Horváth seine *Geschichten aus dem Wiener Wald* mit einem aufgesetzten Happy-End ausklingen läßt, kann er sich aus gutem Grunde die sarkastische Regieanweisung nicht verkneifen: „… und in der Luft ist ein Klingen und Singen, als spielte ein himmlisches Streichorchester die *Geschichten aus dem Wiener Wald* von Johann Strauß.“ Wobei er sicherlich weniger an die Idylle als vielmehr an die mit dieser allemal verbundenen Abgründe gedacht hat.

Nahe dem Fischgasthaus „Zum Rostigen Anker“ läuft so mancher binnenländische Fischkutter aus, um in den malerischen Donau-Auen rund um Fischamend Petri Heil auszuloten oder, so Petrus seinem Jünger gerade nicht hold sein sollte, zumindest ausgiebig „mit der Seele zu baumeln“.

Seite 134/135: Wenn einem der Windgott gewogen ist, kann man von der Hohen Wand nach Winzendorf, Muthmannsdorf oder auch noch tiefer hinein ins Wiener Neustädter Becken getrost die kürzeste Route wählen und auf Drachenschwingen durch die Lüfte gleiten, bis das Ziel in Sicht und der Boden hoffentlich weich ist …

Seite 136/137: Für viele ist die Ortschaft Gramatneusiedl trotz ihrer Nähe zu Wien der Inbegriff vom „Ende der Welt“. Wenn freilich wieder einmal ein Sommergewitter über dem Steinfeld dräut, so läßt sich mit einiger Phantasie schon vorstellen, daß dahinter nur noch die Ewigkeit liegt.

AFKDO SCHWECHAT-LAND

Wo bereits Mark Aurel seine Außenstelle an der Donau aufschlug: In Carnuntum sorgen noch heute die römischen Ruinen des Archäologischen Parks dafür, daß man sich in die Zeit vor zweitausend Jahren versetzt fühlt. Hier sieht man den Eingangsbereich des zweiten Amphitheaters, das für militärische Paraden, Gladiatorenkämpfe und rund 8000 Zuschauer gebaut worden war und heute immer wieder für namhafte Theaterinszenierungen genutzt wird: Peter Brooks, Robert Wilson und viele andere haben aufsehenerregende Aufführungen geboten.

LANDSCHLUSS

EINIGE ANMERKUNGEN ÜBER EINE LANDSCHAFT, DIE IRGENDWIE AUCH DAZUGEHÖRT

Schwer summen in der glühenden Luft die Bienen,
Versponnen träumen in Gestrüpp und Hecken
Der alten Tempel stürzende Ruinen.
OSWALD BRACHTEL, AUF DEM PFAFFENBERG IN HAINBURG

Rund um Carnuntum

Um das Land im Osten Wiens will sich schon seit Jahrhunderten niemand so richtig annehmen. Es zählte zum „Wiener Glacis", also zu jener Gegend, die man leichtfertig „opferte", wenn es galt, die Wiener Stadtmauern gegen einfallende Truppen aus dem Osten zu schützen. Es gehörte, da südlich der Donau gelegen, weder zum Weinviertel noch zum Schwemmland des Marchfelds, (noch) nicht zu Ungarn und trotz der Kalkklippen rund um Hainburg auch nicht, wie der Anninger oder der Kahlenberg, zu den letzten Alpenausläufern. Geographisch ist das Land ganz eindeutig der pannonischen Tiefebene, aber keineswegs dem Burgenland zuzuordnen. Lange Zeit betrachtete man es lediglich als riesigen Acker vor den Toren Wiens, zu dem es aber leider nicht gehörte.

Den Menschen, die hier leben und arbeiten, ist das nichts Neues. Die Donauauen bei Hainburg waren schon zur Römerzeit ein äußerst umstrittenes Terrain, da die Markomannen, die die Gebiete nördlich des Grenzwalls, des Limes, bewohnten, sich durchaus nicht damit zufriedengaben, in Frieden ihren von den Römern ob seiner minderen Qualität abschätzig „Markomannenwein" genannten Haustrunk hinunterzuspülen. Mit letzterem tranken sich die wilden Horden aus dem Norden nämlich stets dann Mut an, wenn sie wieder einmal das alte keltogermanische Spiel namens „Römersekkieren" spielten und mit den Legionen, die in Carnuntum am südlichen Donauufer stationiert waren, wie weiland Asterix und Obelix im Dauerclinch lagen. Steinerne Zeitzeugen aus dieser bewegten Epoche finden kulturbeflissene Touristen in geradezu verschwenderischer Fülle vor. Am 327 m hohen Deutsch-Altenburger Pfaffenberg hat man noch 1968 den wahrscheinlich größten römischen Tempelbezirk auf österreichischem Boden ausgegraben, was den Spaziergang durch den Archäologischen Park Carnuntum, wie das „österreichische Pompeji" heute etwas prosaischer als früher genannt wird, noch um eine weitere Sehenswürdigkeit erweiterte. Er führt durch die Zivil- und die Militärstadt an den alten Thermen, an einem Dianatempel und zwei Amphitheatern mit Raum für insgesamt rund 21000 Personen vorbei, um schließlich – etwas weiter außerhalb – beim mächtigen Heidentor von Petronell zu enden, das aus dem vierten Jahrhundert stammt und zu den eindrucksvollsten antiken Baudenkmälern nördlich der Alpen zählt. Schließlich hatten die römischen Legionäre im heutigen Bad Deutsch-Altenburg auch ein Stückchen luxuriöser Infrastruktur zur Verfügung, die ihnen besonders wichtig war: nämlich jene warmen Schwefelquellen, die bereits um 156 n. Chr. von der XIII. Römischen Legion als Heilbad genützt wurden. Die Bezeichnung „österreichisches Pompeji" ist also gar nicht so verwegen. Immerhin stammt sie auch von keinem Geringeren als dem deutschen Historiker Theodor Mommsen, dem großen Chronisten des römischen Kaiserreichs, der

Das Römische Museum in Bad Deutsch-Altenburg hat viel zu erzählen. In seinem Umkreis befinden sich nämlich jene warmen Schwefelquellen, die bereits um 156 n.Chr. von der XIII. Römischen Legion als Heilbad genützt wurden; und am 327 m hohen Deutsch-Altenburger Pfaffenberg hat man 1968 den wahrscheinlich größten römischen Tempelbezirk auf österreichischem Boden ausgegraben. Die Bezeichnung „österreichisches Pompeji" ist also gar nicht so verwegen. Immerhin stammt sie auch von keinem Geringeren als dem deutschen Historiker Theodor Mommsen.

Die Arena I von Carnuntum ist erfreulicherweise das genaue Gegenteil eines sogenannten „Trümmerhaufens". Gerade in den letzten Jahren hat sich in diesem antiken Bezirk ein besonders reges und durchaus heutiges kulturelles Leben entwickelt. Die alljährlich während der Sommermonate stattfindenden Festspiele „Art Carnuntum" beschwören durch Neudeutungen antiker Tragödien jene Vielfalt antiker Lebensformen wieder herauf, der diese Landschaft ihren Stellenwert als alter Kulturboden verdankt.

einmal meinte: „Die Wiener haben ein Pompeji vor ihren Toren und wissen es nicht."
So falsch ist dieser Satz leider auch heute noch nicht. Denn die zahlreichen Carnuntum-Touristen, die sich zwischen den historischen Fundstätten tummeln, kommen aus aller Welt, aber – Schulklassen ausgenommen – selten aus Wien, wo Carnuntum vielfach noch abschätzig als „Trümmerhaufen" betrachtet wird. Erfreulicherweise entwickelt dieser „Trümmerhaufen" gerade in den letzten Jahren ein besonders reges kulturelles Leben. Die alljährlich während der Sommermonate stattfindenden Festspiele „Art Carnuntum" beschwören durch Neudeutungen antiker Tragödien jene Vielfalt antiker Lebensformen wieder herauf, der diese Landschaft ihren Stellenwert als alter Kulturboden verdankt, den kaum ein anderer so treffend beschrieben hat

Lebendige Antike vermittelt diese römische Legionärspuppe, die in Petronell den Eingang des Amphitheaters II bewacht.

wie Gerhard Fritsch in seinem Gedicht *Ufer unter Carnuntum:* „Hier haust die Erde, / das dampfend lebendige Grab, / allein mit sich selbst, / Schierling, Röhricht und Bäume, / die Geburt, die sie gegen Himmel warf, / langsam niederwärts ziehend, / wieder hinein in ihren Schoß, / der fraß die Centurionen, / den Stein ihrer Gräber und Kastelle / und Mithras, / den blutigen Mann-Gott. / Hier haust der wartende, / der alles verschlingende / Weib-Gott der Stille". Doch auch nach dem Abzug der Römer kehrte im Grenzland im Osten Niederösterreichs keineswegs Ruhe ein, sondern man blieb, gewissermaßen als Speerspitze der alten Ostmark, gegen Hunnen, Ungarn und Türken in ständiger, wenngleich oft genug unfreiwilliger Bewegung.

Die jüngste Schlacht um die Marchfelder Aulandschaft wurde allerdings erst vor zehn Jahren geschlagen, und es ging dabei, abgesehen von ein wenig Nasenbluten, letztlich doch (gerade noch) unblutig ab. Der Schlachtruf „Rettet die Donauauen" galt nämlich weder den Magyaren noch den Böhmen, sondern den Managern der österreichischen Elektrizitätswirtschaft, die das gesamte Au-Paradies um die alte Grenzstadt Hainburg am liebsten in einen einzigen großen Stausee verwandelt hätten. Damals schlug die erste große Stunde der österreichischen Grünbewegung, die sich für Auhirsche und Sumpfdotterblumen wilde Scharmützel mit der Polizei und den Gewerkschaftern lieferte, weil letztere durch die Naturschützer ihre Arbeitsplätze gefährdet sahen. Zu guter Letzt schaltete sich dann der „World Wildlife Fund" ein, sogar der britische Prinz Philip intervenierte – und der Donaustrom konnte in Hainburg schlußendlich in Ruhe weiterfließen, ohne selbst Strom zu erzeugen. Tatsächlich wäre mit den Au-Urwäldern zu beiden Seiten der Donau, die sanft in die vom Ostwind und vom Flugsand geschaffenen Dünen des einstigen mesozoischen Urmeers überfließen, auf ewig eine Landschaft verwüstet worden, die es in dieser Form in Europa kaum noch gibt. Hier trifft man noch auf den in Erdlöchern lebenden Ziesel, die unter strengstem Naturschutz stehende Großtrappe, die zwar im Wasser laichende Knoblauchkröte, die sich dann aber für den Rest des Jahres unter der Erde vergräbt, die flügellose Zauberschrecke, den Steppenlaufkäfer sowie Feuersalamander, Bussarde, Baumfalken und Iltisse. Sie alle leben unter dem schützenden

Das Wiener Tor ist einer der am besten erhaltenen Reste der alten Befestigungsanlagen, welche die zwischen Braunsberg, Schloßberg und den Hundsheimer Bergen eingebettete Grenzstadt Hainburg am rechten Donaufer gegen Einfälle aus dem Osten schützen sollte. Hier stand einst die „Heimburc", die mächtigste der Babenbergerzeit, von deren Anhöhe man auch heute noch einen wunderschönen Blick auf den Nationalpark Donauauen und damit auf den letzte Auwald Europas genießen kann.

Dach von Trauerweiden, Robinienhainen und Buschwäldern. Als Überbleibsel der einst hier beheimateten Seidenraupenzucht entdeckt man auch da und dort noch einen Maulbeerbaum. Und Blumenfreunde (nicht: Blumenpflücker!) dürfen sich darauf freuen, sich an selten gewordenen Pflanzen wie Osterluzei, Zwergmandel, Diptam, gallischer Rose, Frauenschuh und Küchenschelle nach Herzenslust satt sehen zu können. Die Bewohner dieser Region wissen aus den Besonderheiten ihres Umland-Biotops Nutzen für ihre ganz persönliche Lebensqualität zu ziehen. In vielen Hinterhöfen und Gehöften findet man noch das klassische „Bauerngartl", ein meist von einem ungehobelten Lattenzaun umgrenzter Garten Eden, der mit seinen „Bewohnern" wie Herzerlstock, Hahnenfuß, Feuerlilie, Löwenmaul sowie jeder Menge Tagfalter und Nachtschwärmer unmittelbar vor der Haustür liegt. All diese kleinen Schätze und Genüsse verdankt das fruchtbare Flachland im „fernen Osten" Niederösterreichs, den die Donauschlepper auf dem Weg ins Schwarze Meer wie in Zeitlupe zu durchmessen scheinen, dem unverwechselbaren Klima, das Land und Leute prägt und die Vorzüge des mildgemäßigten mitteleuropäischen Klimas mit dem Sonnenreichtum des pannonischen Steppenklimas vereint. Das angenehme Klima mit seinen warmen Sommern war gewiß mit ein Grund, warum die Wiener Hocharistokratie von Kaiserin Maria Theresia abwärts das seltsam verzauberte Land im Osten der Reichshauptstadt Wien zu einem ihrer liebsten Urlaubsdomizile erwählte und man inmitten der anscheinend so kargen Au- und Steppenlandschaft so manches schmucke Schlößchen, allen voran jedoch das stolze Schloß Petronell erblicken kann, in dem sich heute ein sehenswertes kunstgewerbliches Museum befindet.

Es sind jedoch nicht nur antike Kunst und modernes Kunstgewerbe, die den Charakter dieses alten Kulturbodens prägen. Nicht zuletzt die Nähe der ungarischen Tiefebene scheint diese Landschaft auch wie kaum eine andere zum Klingen zu bringen. Und so ist es wohl mehr als nur eine kleine musikgeschicht-

Im Stadttheater von Bruck an der Leitha gibt's auch „leichte Kost". Heute steht das Musical „Blutsbrüder" von Willy Russell auf dem Programm.

Obwohl Joseph Haydn dank seiner Tätigkeit am Hofe des Fürsten Esterházy in Eisenstadt weithin als burgenländischer Komponist gilt, ist er doch ein gebürtiger Niederösterreicher. Sein Geburtshaus in Rohrau ist zwar nicht weit von der burgenländischen (zu Haydns Zeiten: ungarischen) Grenze entfernt, gehört aber ganz eindeutig noch zum „Viertel unter dem Wienerwald".

liche Episode, daß das Geburtshaus von Joseph Haydn, dem Doyen der Wiener Klassik und Hofmusiker des ungarischen Magnaten Esterházy, mitten in diesem alten Grenzland, nämlich im niederösterreichischen (und keineswegs, wie viele meinen, burgenländischen) Rohrau steht. Hier hat man anläßlich des 150. Todestags Haydns das Geburtshaus des Musikers liebevoll restauriert und zu einem kleinen Haydn-Museum umgestaltet, in dem Gemälde, Handschriften, Instrumente und andere Memorabilien rund um den Schöpfer der *Schöpfung* und der *Paukenschlag-Symphonie* zu sehen sind, über dessen Geburtshaus auch ein O-Ton von Beethoven zu seinem Freund Johann Nepomuk Hummel überliefert ist: „Sieh, mein lieber Hummel, das Haus, wo der Haydn geboren wurde, eine schlechte Bauernhütte, wo ein so großer Mann geboren wurde."
Für Kenner ist in dieser „Bauernhütte" heute auch ein hörenswertes Tonarchiv mit Werken von Joseph und Michael Haydn vorhanden. Auch das Studierzimmer, in welchem der kleine Joseph Haydn Klavier spielen lernte, kann man noch heute besuchen. Es gehört zu einem alteingesessenen Hainburger Wirtshaus, das – wie wohl sonst? – „Haydnstüberl" heißt, und so ist es nur natürlich, daß man den Genius loci hier nicht nur in einem kleinen Gedenkraum, sondern in für ihn sonst eher ungewohnter Umgebung, nämlich auf der Speisekarte wiederfindet.

Die Ritter von Göttlesbrunn

Mindestens ebenso wie auf die Musik wirkt sich das pannonische Klima auf den Wein dieser Gegend aus. Der bedeutendste Weinort der Region um Carnuntum ist das unweit von Bruck an der Leitha, also knapp an der burgenländischen Grenze gelegene Göttlesbrunn. Die Weine dieser von der Flughafenautobahn A 4, Abfahrt Bruck a. d. Leitha West, in wenigen Minuten zu erreichende Ortschaft werden von manchen Weinfreunden bis heute aus verschiedenen Gründen etwas unterschätzt: Einen Grund dafür mag in der Lage des Weinortes, der zu nördlich für das Burgenland und zu südlich für das Weinviertel ist, finden. Das wirkt sich auch in der Stilistik der Weine aus, die durchweg schwerer und extraktreicher als die Weinviertler Konkurrenz nördlich der Donau, aber gleichzeitig spritziger und

In Haydns Rohrauer Geburtshaus wurde ein kleines Museum eingerichtet, in dem es nicht nur viel biographisches Material über den Komponisten gibt, sondern auch die Opernaufführungspraxis zu Haydns Zeiten anhand dieses anschaulichen Bühnenbildmodells beleuchtet wird.

Die kleine Gemeinde Rohrau ist nicht nur Geburtsort von Michael und Joseph Haydn, sondern beherbergt auf Schloß Harrach auch die größte Privatgemäldesammlung Österreichs. Sie bietet einen lückenlosen Überblick von spanischen, neapolitanischen und französischen Malerschulen des 17. und 18. Jh.s.

In der Gemäldegalerie von Schloß Harrach gibt es auch einiges über die Familiengeschichte der Harrachs zu lernen. Das Gemälde von N. M. Rossi (1699–1753) auf der rechten Seite zeigt beispielsweise die Wallfahrt von A. Th. Harrach, seines Zeichens Vizekönig beider Sizilien, zur Kirche S. Maria di Piedigrotta bei Neapel.

lebendiger als der burgenländische Weintyp sind. Die Göttlesbrunner Tropfen sind daher schwer einzuordnen, auch wenn sich deren internationale Wertschätzung, seit sie im Slow-Food-Weltweinführer prominent vertreten sind, wesentlich gebessert hat. Die Bodenbeschaffenheit bringt es überdies mit sich, daß hier selten Weine von leichtfüßiger Eleganz entstehen, sondern daß sich das meiste, das hier gedeiht, auch noch ein wenig von jener Rustikalität erhalten hat, die man mit Österreichs Weinbau schon immer verband.

Die schmucke Winzergemeinde, in der bereits zu Zeiten des legendären Kaisers Probus Weinbau betrieben wurde und in deren Dorfgasthaus sich – auf über 140 m² verzweigt – der älteste Weinstock Europas befindet, ist nicht nur ein Treffpunkt der Weinbeißer, sondern auch ein beliebter Sammel- und

Rendezvousplatz internationaler Zugvogelschwärme. Göttlesbrunn ist ein so geschlossener Weinort, daß es für jenen, der das erste Mal hierherkommt, fast wie eine Wagenburg wirkt. Und ist man erst einmal drinnen, so kann man sich in dem von Häuserzeilen und Kellergassen durchfurchten Labyrinth fast so leicht verlaufen wie in Venedig. Der Unterschied ist nur, daß man schneller wieder herauskommt. Es ist also gar nicht so leicht, den Pitnauer zu finden, und der alte Trick, Einheimische nach dem Weg zu fragen, funktioniert auch nicht immer. Denn die Göttlesbrunner scheinen recht eigenbrötlerische Wesen zu sein, die ihre Häuser (hinter deren unscheinbaren Fassaden sich meist äußerst stattliche Innenhöfe mit einer Anzahl von Nebengebäuden befinden) nur verlassen, wenn's unbedingt nötig ist.

Den „Homo Göttlesbrunniensis" zu charakterisieren ist, so gesehen, nicht ganz einfach. Denn Göttlesbrunn ist in vielerlei Hinsicht ein Zwischenreich. Es liegt durch die Nähe zu Carnuntum auf ältestem österreichischem Kultur- und Weinboden. Politisch gehört Göttlesbrunn gerade noch zu Niederösterreich und ist doch nur wenige Kilometer von der Grenze zum Burgenland entfernt, mit dem es neben klimatischen und geologischen Ähnlichkeiten auch die Tatsache verbindet, daß es – wie gesagt – ein beliebter Treffpunkt internationaler Zugvogelschwärme ist. Alljährlich verbringt hier auch der sogenannte Bienenfresser seine Sommersaison, während derer sich dieser tropische Rackenvogel eine bis zu zwei Meter tiefe Brutröhre ins Erdreich der Weingärten gräbt, wobei er sich in der Hauptsache von Bienen ernährt. Doch Göttlesbrunn hat nicht nur Ähnlichkeiten mit dem Burgenland. Wäre da nicht das breite Band der Donau, so würde es wohl auch eine recht passable Weinviertler Ortschaft abgeben. Es fehlt weder der „Hintaus" des Kellerviertels noch das „Biri", jenes Weingebirge, das so sanft gewellt ist, daß der Bezeichnung Gebirge etwas geradezu Rührendes anhaftet. Kurzum: In Göttlesbrunn vermischt sich Weinviertlerisches mit Pannonischem, und zum Ganzen kommt noch ein gewisser Schuß Weltläufigkeit, denn immerhin liegt die Großstadt Wien keine 30 km entfernt. Das ist zugegebenermaßen eine ziemlich lange Einleitung für ein relativ kompaktes Winzer-Psychogramm. Doch die Persönlichkeit des Johann Pitnauer muß man, ebenso wie die seiner Weine, in engem Zusammenhang mit seiner Herkunft sehen. Eigentlich hätte der 1957 geborene Sohn des langjährigen Göttlesbrunner Bürgermeisters ja Bäckermeister werden sollen, doch dann entschied er sich 1973 für den Beruf des Winzers. Wenn schon Winzer, sagte er sich allerdings, dann gleich Qualitätswinzer.

Wer jetzt mit Recht einwendet, daß das heutzutage ja fast jeder junge Winzer sein will, der sollte das Datum von Pitnauers Entscheidung bedenken. 1973 – das war mehr als ein Jahrzehnt vor dem Weinskandal, und die Selbstzufriedenheit der heimischen Winzerschaft wurde damals nur noch durch ihre Hektarerträge übertroffen. Als bester Winzer galt immer noch, wer den meisten und nicht, wer den besten Wein machte. Wie andere dieser Pioniere (man denke etwa an Namen wie Jamek, Igler oder Kollwentz) wurde auch Pitnauer belächelt, als er damit begann, seine Rebflächen auszudünnen, um die Struktur seiner Weine dafür um so dichter zu gestalten. Demonstrationsobjekt Nummer eins war für Pitnauer damals der Zweigelt, den er später, als Mitte der achtziger Jahre die Phantasienamen wieder aufkamen, kurzerhand als „Bienenfresser" auf den Markt brachte, da es in seinem Weingarten nachweislich mindestens ebenso viele Bienenfresser gibt wie Steinfedern in der Wachau.

Mittlerweile hat der „Bienenfresser" allerdings hausinterne Konkurrenz bekommen: Der „Cuvée Franz Josef", ein „multikultureller" Verschnitt aus Zweigelt, St. Laurent und Cabernet Sauvignon, ist keine Anspielung auf den Vielvölkerstaat der alten Donaumonarchie, sondern hat ausschließlich damit zu tun, daß Pitnauers Vorfahren alle auf diesen Namen hörten. Auf Tradition hält man bei den Pitnauers nämlich große Stücke. Dennoch ist Johann Pitnauer genaugenommen alles andere als ein Traditionalist. So war der heute Vierzigjährige, der im zarten Jünglingsalter von sechzehn zum Weinbau kam, beispielsweise einer der ersten in diesem Land, der Barrique nicht für eine französische Rebsorte hielt und das Wörtchen Wein auf Design zu reimen wußte. Als anderswo noch die pausbackigen Bacchusse und rotnasigen Schluckspechte vom Etikett herunterlachten, begann er die Aufmachung seiner Weine bereits zu „stylen" und dafür auch scheinbar Unvereinbares – wie beispielsweise ein in „cooler" Optik

Von dieser bukolischen Aulandschaft nahe der Ortschaft Haslau ist es nicht weit zur Wallfahrtskirche Maria Ellend, deren romantische Lourdesgrotte sowohl Ausgangspunkt als auch Ziel ausgedehnter Wanderungen ist.

Hans Pitnauer ist nicht nur einer der Paradewinzer der mittlerweile in der gesamten Weinwelt zu Ruhm und Anerkennung gelangten Weinbaugemeinde Göttlesbrunn, er keltert auch einen eigenen Sekt und ist sogar in der Lage, diesen – allerdings nur auf Anfrage – mit einem scharfen Schwert zu köpfen, und zwar ohne daß auch nur das geringste Glassplitterchen zurückbleibt.

gehaltenes Etikett mit Kurrentschriftzug – harmonisch auf einen Nenner zu bringen.
Johann Pitnauer gestaltet seine Etiketten ebenso selbst, wie er auch seinen Weinen den unverwechselbaren Stempel seiner Persönlichkeit aufdrückt. Wenn man Pitnauer zum ersten Mal begegnet, wirkt er kantiger, als er im Grunde seines Wesens ist, und es ist vielleicht auch kein Zufall, daß seine private Weinvorliebe eher der noblen, geschliffenen Strenge von Bordeaux als der runden Abgeklärtheit des Burgunders gilt.
Doch so wie Pitnauer im Gespräch allmählich „auftaut" (wozu, nebenbei bemerkt, auch die famosen Stelzen und die herrlichen Cremeschnitten seiner Frau Gemahlin das Ihrige beitragen), so beginnen sich auch seine Weine allmählich zu öffnen und werden fruchtiger, zugänglicher und harmonischer, als sie es auf den ersten Schluck zu sein scheinen. Und so erinnern Pitnauers Weißburgunder – vor allem in großen Jahren – tatsächlich an Burgund, während seine Rotweine zuweilen recht deutlich an die Stilistik von Pitnauers großem Vorbild, dem Marchese Antinori, erinnern, mitunter aber auch aus Kalifornien oder Australien stammen könnten. Doch wenn es um Lebenslust und Lebensfreude geht, dann ist Johann Pitnauer weder Italiener noch Kalifornier und nicht einmal wirklich Göttlesbrunner, sondern ganz und gar Franzose. Seinen leichten, prickelnden Winzersekt hat er – nach dem von den Pariser Folies-Bergère inspirierten Etikett – „Carmen la rousse" genannt, und wenn man das Koststüberl in der Vinothek betritt, die Pitnauer in der alten Göttlesbrunner Kellergasse eingerichtet hat, so stellt man nicht ohne Erstaunen fest, daß auf einem Regal gleich eine ganze Batterie dieses etwas frivol aufgemachten Schaumweins Platz findet. Das Erstaunen wächst noch weiter, wenn man merkt, daß die Flaschen nicht nur leer sind, sondern allesamt die nämliche blitzsaubere Schnittstelle aufweisen – und zwar genau dort, wo normalerweise der Flaschenhals sitzt. Des Rätsels Lösung bildet das gewaltige Ritterschwert, das Johann Pitnauer ebenfalls in seiner atmosphärischen Vinothek aufbewahrt. Wen er mag, dem zeigt der wehrhafte Winzer auch bereitwillig, daß er die gleißende Waffe mit der Souveränität eines mittelalterlichen Scharfrichters zu schwingen weiß. Johann Pitnauer geht vor die Haustür, hält in der Rechten das Schwert und in der Linken den Schampus, wirbelt die Klinge durch die Luft, läßt sie mit hundert Sachen gegen den Flaschenhals prallen – und schon saust dieser mitsamt dem Korken wie ein Torpedo hinaus in die Nacht. Die Franzosen nennen diesen alten Champagnerbrauch „sabrer" – was soviel bedeutet wie „abgesäbelt".
„Das ist mein Hobby", sagt Johann Pitnauer mit einem sympathischen Anflug von Schüchternheit. Doch man kann sich darauf verlassen, daß seine „Carmen la rousse" wirklich der einzige Wein ist, den der letzte Ritter von Göttlesbrunn gelegentlich hinrichtet.
Längst ist Pitnauer freilich nicht mehr der einzige, der mit Schwert und Rebschere für den guten Ruf des Weins aus der Region Carnuntum kämpft, und die Bienenfresser haben mittlerweile auch schon Konkurrenz durch Dornenvögel bekommen. Schuld daran ist Walter Glatzer, der die besten Tropfen seines Hauses unter dem seltsamen Namen „Dornenvogel" vermarktet. Nun sind die Glatzers jedoch weder Schnulzenfreaks noch unverbesserliche Richard-Chamberlain-Fans. Denn mit den herzschmerztriefenden *Dornenvögeln* haben deren Verwandte aus Göttlesbrunn nichts zu tun. Die gleichnamigen Raubvögel bevölkern vielmehr die Glatzerschen Rieden wie Kräften, Aubühel oder Haideacker und haben die nicht besonders sympathische Eigenschaft, ihre Beute zunächst auf Dornen aufzuspießen, bevor sie diese – gewissermaßen „gut abgehangen" – verzehren. Damit sind die „Weinritter" aus Göttlesbrunn aber längst noch nicht alle aufgezählt. Da gibt es etwa Pitnauers Kellernachbarn Johann Edelmann, für den der Weinbau zwar eine Leidenschaft, aber keineswegs Profession ist. Johann Edelmann ist im Hauptberuf LKW-Fahrer, widmet aber jede freie Minute dem Weinbau und wird dabei von seiner Frau aufs kräftigste unterstützt.
Mit Chardonnay oder Cabernet hat Edelmann nichts im Sinn. Edelmanns Interesse gilt vor allem den autochthonen – sprich: bodenständigen – Reben wie Grüner Veltliner, Welschriesling und Blauer Portugieser, mit denen er – sowohl was die Dichte als auch, was das Bukett betrifft – verblüffende Resultate erzielt. Seine Portugieser glänzen in einem tiefen Dunkelrot, das kräftige Tannine ahnen und bei einem Teil der Lese auch einen Barriqueausbau durchaus vernünftig erscheinen läßt. Vernünftig

In der alten Festungsstadt Bruck an der Leitha ist noch ein Teil des alten Mauerrings, der einst 380 x 530 m maß und in zwei hintereinanderliegenden Ringen angelegt war, erhalten geblieben. Der Stadtgraben wird mittlerweile friedlich – nämlich als Gemüse- und Obstgarten – genutzt.

sind auch die Preise, die Edelmann für seine rundum bemerkenswerten Kreszenzen verlangt: vierzig Schilling kosten die Bouteillenweine im traditionellen Ausbau, mit neunzig Schilling schlagen Barriqueweine zu Buche. Für Johann Edelmann soll der Weinbau in erster Linie Spaß machen. Und das tut es vor allem dann, wenn ihm seine zahlreichen Stammkunden bestätigen, daß er ihnen nicht zuviel versprochen hat, wenn er ihnen vor der Verkostung „a Gosch'n voll Wein" ankündigte.

Bleibt, neben zahlreichen Geheim- und Geheimst-Tips, die meist ebenfalls Edelmann, Glatzer, oft auch Grassl oder Graßl heißen, Gerhard Markowitsch zu erwähnen, der – nebenbei bemerkt – auch alles andere als der einzige seines Namens in diesem Ort der Gleichnamigen ist. Man sollte sich den Namen jedoch merken, denn Markowitsch ist der derzeit amtierende Jungstar am heimischen Rotweinhimmel, wird aber fast genauso für seine kraftvollen, hocharomatischen und besonders extraktreichen Chardonnay geschätzt.

Der Name Markowitsch ist im Gegensatz zum Winner-Image des jungen Winzers alles andere als neu. Immerhin betreibt die Familie bereits seit dem Jahr 1750 Weinbau in Göttlesbrunn, doch erst nach einem knappen Vierteljahrtausend fand man jetzt den Weg auf die Überholspur in Richtung Weinbau-Elite. Nach dem Abschluß der Weinbauschule Klosterneuburg und einem Praktikum bei Gerald Malat in Furth/Palt, dem Alleskönner unter den heimischen Winzern, kam Junior Gerhard Markowitsch voller Elan und guter Ideen ins elterliche Weingut zurück und machte sich ohne Verzug daran, diese auch in die Tat umzusetzen. Das Ergebnis waren rasche, spektakuläre Verkostungserfolge mit dem roten „Cuvée Rosenberg" und schon sehr bald darauf auch mit dem Grünen Veltliner, einer auf Göttlesbrunner Böden besonders gut heranreifenden Sorte.

„Ich mache gute Weine, weil ich selbst gern gute Weine trinke", erklärt der junge Winzer selbstbewußt, und so hat er es sich auch zum Ziel gesetzt, seinen Weinen „einen eigenen Stil und eine unverwechselbare Identität" zu geben. Die Zeiten, in denen Göttlesbrunn ein Weinort war, den die Burgenländer im Weinviertel und die Weinviertler irgendwo im Süden Wiens ansiedelten, dürften also ein für allemal der Vergangenheit angehören.

Inmitten der von den Hundsheimer Bergen gesäumten Au- und Steppenlandschaft südlich der Donau ragt das stolze Schloß Petronell hervor, in dem sich heute ein sehenswertes kunstgewerbliches Museum befindet.

Österreich „am End“

Wenn der Fisch einmal „am End“ ist, dann ist auch das Ende Österreichs nicht mehr weit. Der bewußte Fisch ist das Wahrzeichen des hübschen Marktfleckens in den Donauauen, und während die Türme anderer Orte ein Wetterhahn ziert, so dreht sich auf der Turmhaube des hiesigen Marktturms, in dem bis kurz vor 1900 tatsächlich noch der Nachtwächter residierte, ein Wetterfisch im Wind. In Wahrheit ist in Fischamend, um der Wahrheit die Ehre zu geben, auch keineswegs der Fisch an seinem Ende angekommen (im Gegenteil, es gibt hier mehrere vorzügliche Donaufisch-Restaurants), sondern vielmehr die Fischa, ein 38 km langer früherer Mühlbach, der bei Ebenfurth entspringt und im Zeitalter der industriellen Revolution eine gewisse Rolle als Energieträger spielte, bevor er mittlerweile zu einem eher unscheinbaren, aber an manchen Stellen nicht unromantischen Rinnsal wurde, das beim Wallfahrtsort mit dem integrierten Druckfehler, nämlich bei Maria Ellend, in das Reich des Donauweibchens mündet, welches in diesem Stromabschnitt – zumindest der Sage nach – sein Unwesen treiben soll.

Eine Sage steht übrigens auch am Anfang des zitierten Druckfehlers: Wie jeder Wallfahrtsort hat nämlich auch Maria Ellend, fast noch treffender „Mutter Gottes an der Straße“ genannt, seine Gründungslegende, die, wie so oft, von einer Marienstatue handelt, welche unter geheimnisvollen Umständen an jener Stelle an Land geschwemmt wurde, an der heute die Wallfahrtskirche steht. Sie müßte folgerichtig Maria Anlandt heißen, aus dem allmählich ein „ellend“ wurde, vielleicht auch, weil „ellend“ ursprünglich soviel wie „fremd“ bedeutet.

Die 1770 erbaute Kirche von Maria Ellend ist kunsthistorisch längst nicht so interessant wie die Fischamender Michaelskirche, in welcher sich Anton Maulbertsch dafür, daß ihn der hiesige Pfarrer mit einer Vöslauer Baderstochter traute, mit einem Abendmahlgemälde bedankte, vor allem aber nicht annähernd so bedeutend wie die romanische Nikolauskirche von Wildungsmauer, die aus der ersten Hälfte des 13. Jahrhunderts stammt und durch einen unterirdischen Gang, der unter dem Hochaltar beginnt, mit der Burg Petronell verbunden ist, aus der man in unsicheren Zeiten in das Gotteshaus fliehen konnte. Sicherheitsvorkehrungen zur Flucht vor den Türken oder Magyaren findet man in dem Gebiet zwischen Schwechat und der Hainburger Pforte allenthalben, und sie stehen wohl auch am Ursprung der Festungsstadt Bruck an der Leitha, deren zum Teil heute noch erhaltener Mauerring einst 380 mal 530 m maß und in zwei hintereinanderliegenden Ringen angelegt war. Trotz seiner schönen Altstadt ist Bruck, das seinen Namen dem von Lukas von Hildebrandt erbauten Stadtschloß „Prugg“ verdankt, das Image einer trostlosen Zuckerfabriks- und Garnisonsstadt niemals gänzlich losgeworden. Zu nachhaltig blieb die Erinnerung an jenes riesenhafte, bis zu 20 000 Soldaten aufnehmende „Brucker Lager“, das 1867 als Militärbezirk und Truppenübungsplatz gegründet wurde und sich von Bruck bis nach Kaisersteinbruch im Leithagebirge erstreckte (einen Ort, der bei Präsenzdienern daher bis heute noch einen schaurigen Klang hat).

Bruck an der Leitha war – wie Hainburg – auch eine Grenzstadt nach Ungarn. Doch während die Brucker Grenze eher willkürlich gewählt war, macht die bei Hainburg sich eröffnende Landschaftspforte ihrem Namen „Porta Hungarica“ alle Ehre. Die Berge, die diese Pforte bilden, sind eine östliche Erinnerung an die Kalkalpen gleichermaßen wie ein Zitat der Böhmischen Masse und führen zu einem geologisch bemerkenswerten Aufeinandertreffen von Kalk und Granit. Es handelt sich um physisch von Höhlensystemen durchwirkte und mythologisch von Legendenbildungen überlagerte Ausläufer der Kleinen Karpaten, in denen es von Hexen, Kobolden, Zwergen und Berggeistern ebenso wimmelt wie von Smaragdeidechsen, Äskulapnattern, Blutspechten, Iltissen, Hamstern und sogar von Nachtigallen. Es mangelt auch nicht an seltenen Pflanzen, die als Ingredienzen für Hexentränke dienen könnten; vor allem der sogenannte Serbische Wermut gedeiht hier recht üppig und war die Grundlage der vor allem in der Donaumonarchie florierenden Preßburger Wermutindustrie. Christian Ludwig Attersee, dessen Familie einst zu den bedeutenden Wermutfabrikanten von Bratislava zählte, hat zur Erinnerung an diese „bitteren Zeiten“ ein eigenes Getränk kreiert und mit einem bemerkenswerten Etikett ausgestattet – den sogenannten „Atterbitter“.

Wie sehr die Kraft von Mitteleuropas stärkster Jodschwefelquelle in Deutsch-Altenburg schon von den Römern geschätzt wurde, beweisen zahlreiche steinerne Zeugen. Viele davon befinden sich heute im Römischen Museum, dessen Besuch einen der Höhepunkte eines Ausflugs in den Archäologischen Park Carnuntum bildet.

Eingebettet zwischen Braunsberg und Schloßberg liegt, unmittelbar an der von den Hundsheimer Bergen gesäumten „Porta Hungarica", die Stadt Hainburg, in welcher, wie die 22. Aventiure des *Nibelungenlieds* zu berichten weiß, „Kriemhild bei den Heunen empfangen ward", was die Hainburger Pforte schon im Mittelalter als landschaftliche, politische und wohl auch kulturelle Scheidewand charakterisiert. Seinen Namen verdankt Hainburg, das bereits 1244 zur Stadt erhoben wurde, daher auch einer Persönlichkeit, die man früher wohl einen „wackeren Recken" genannt hätte. Die damals noch Haiminburg oder Heimburc genannte Festungsstadt ist nämlich keineswegs nach den Hainen der Donauauen, sondern nach Haimo, dem Mundschenk des Königs Arnulf von Kärnten, benannt, und seine starken Befestigungsanlagen wurden nicht zuletzt mit jenen Lösegeldern erbaut, die von den Babenbergern für die Freilassung von König Richard Löwenherz aus der Festungshaft auf Dürnstein und später auf Trifels erpreßt wurden. Vor diesem historischen Hintergrund nimmt es sich fast wie Ironie aus, daß das Hainburger Stadtwappen einen Löwen zeigt, der einen Turm auf seinem Rücken trägt. Trotz aller Befestigungen und Mauerwerke war das Schicksal Hainburgs, in dessen Burgkapelle einst Böhmenkönig Ottokar, als er im Glück und noch nicht am Ende war, Margarethe von Österreich ehelichte, aufgrund seiner geostrategischen Lage kaum jemals ein glückliches. Noch grausamer als anderswo wüteten hier die einfallenden Türken, rotteten die Bevölkerung der Stadt – die Blutgasse erinnert heute noch daran – nahezu aus und speisten mit den verschleppten Überlebenden ihre Janitscharentruppen. Heute noch wird in Hainburg die Geschichte von jenen acht Stadtbewohnern erzählt, die sich vor dem Türkengemetzel in Sicherheit brachten, indem sie sich im Rauchfang des Wirtshauses „Zum Wilden Mann" versteckten. Einer von ihnen war übrigens jener Thomas Haydn, dessen Enkel erst nach den überstandenen Türkenkriegen zur Welt kam und auf den Namen Joseph hörte …

Die Römer schickten viele ihrer besten Köpfe an die Nordgrenze des Imperiums, wo sie entlang der Donau und des Limes die Interessen des römischen Weltreichs gegen die Barbaren am gegenüberliegenden Ufer verteidigen mußten. Manche dieser Köpfe findet man heute im Museum von Deutsch-Altenburg wieder.

4

Nicht nur die Römer haben in Carnuntum Geschichte geschrieben. Zu den Sehenswürdigkeiten zählt neben zahlreichen antiken Kunst- und Bauwerken auch eine sehenswerte Grabkapelle aus der Zeit des mittelalterlichen Templer-Ordens.

Die Gewalt kam jedoch nicht nur aus dem Osten, sondern auch vom Westen, wo beispielsweise im Zuge der Gegenreformation von Wien aus der Befehl gegeben wurde, unter sechsundzwanzig protestantischen Hainburger Bürgern ein Blutgericht zu veranstalten. Zwei große Feuersbrünste in den Jahren 1704 und 1827 taten ein übriges, um notwendige Aufbauarbeiten nach Türkennot und Dreißigjährigem Krieg bereits im Keim wieder zu ersticken.
Die 1723 erfolgte Gründung der Ärarischen Tabakfabrik in den Räumlichkeiten des alten Minoritenklosters war einer der vielen Versuche, der von den Fährnissen der Geschichte immer wieder arg gebeutelten Donaustadt eine neue wirtschaftliche Grundlage zu geben, die sich zunächst in der „lohnenden und aufmunternden Besoldung“ von dreizehn schnupftabakproduzierenden Staatsbeamten

Die noch in Resten erhaltene Burgkapelle auf dem Schloßberg hat viel Leid, aber auch einige Freud gesehen: Zu den freudvolleren Episoden zählte gewiß die Hochzeit des Böhmenkönigs Ottokar mit Margarethe von Österreich, die hier stattgefunden hat. Ihm hat diese Heirat allerdings, wie wir aus Grillparzers Drama wissen, letztlich kein Glück, sondern eher das Ende brachte.

äußerte und in der noch vor Beginn des Ersten Weltkriegs dreitausend Menschen Beschäftigung fanden. Obwohl die Automatisierung die Arbeitsplätze seither drastisch reduziert hat, zählt die Hainburger Tabakindustrie noch immer zu den wichtigsten wirtschaftlichen Standbeinen der alten Grenzstadt, die im übrigen in den letzten Jahren auch davon profitiert, die erste Station des Westens vor dem Eisernen Vorhang zu sein, der 1989 endlich wieder aufging. Was immer die Segnungen der Konsumgesellschaft sein mögen, nicht wenige aus dem Osten nach Österreich Reisende haben sie erstmals in jenen Kaufhäusern und Supermärkten kennengelernt, die seither die wichtigste wirtschaftliche Grundlage einer Stadt bilden, die für ihre Opferbereitschaft am exponiertesten Punkt der östlichsten Flanke des Westens, außer vielleicht durch eine berühmt gewordene Briefmarke mit dem Hainburger „Wiener Tor", niemals wirklich bedankt worden ist.

Doch damit teilen Hainburg und die Region Carnuntum letztlich auch das Schicksal jenes „Viertels unter dem Wiener Wald", zu dem die Hainburger Pforte schon 1672 auf einer Landkarte der *Topographia Austria inferioris* von Georg Matthäus Vischer gezählt worden ist – eines Viertels, das durch Fleiß und Blutzoll immer wieder zu Glanz und Gloria der Reichshauptstadt Wien beigetragen hat, aber beim Einheimsen des Lorbeers letztlich doch immer im Schatten seiner Metropole stand. Und die gehört mittlerweile nicht einmal mehr dazu.

Dreharbeiten in einer aufgelassenen Papierfabrik in Gramatneusiedl zum Film „Schmutz" von Paulus Manker.

Seite164/165: Die 1724 erfolgte Gründung der Ärarischen Tabakfabrik in den Räumlichkeiten des alten Minoritenklosters war einer der vielen Versuche, der vielumkämpften Grenzstadt in Friedenszeiten ein solides wirtschaftliches Fundament zu geben. Aus ursprünglich nur dreizehn schnupftabakproduzierenden Staatsbeamten wurde vor Beginn des Ersten Weltkriegs eine Belegschaft von dreitausend Arbeitern. Obwohl die Automatisierung die Arbeitsplätze seither drastisch reduziert hat, zählt die Hainburger Tabakindustrie immer noch zu den wichtigsten wirtschaftlichen Standbeinen Hainburgs.

Seite 166/167: Das mächtigen „Heidentor von Petronell" aus dem 3. Jh. zählt zu den eindrucksvollsten antiken Baudenkmälern nördlich der Alpen. Obwohl es inmitten einer Heidelandschaft liegt, scheint es seinen Namen wohl eher den „heidnischen Römern" zu verdanken.

LANDKARTE

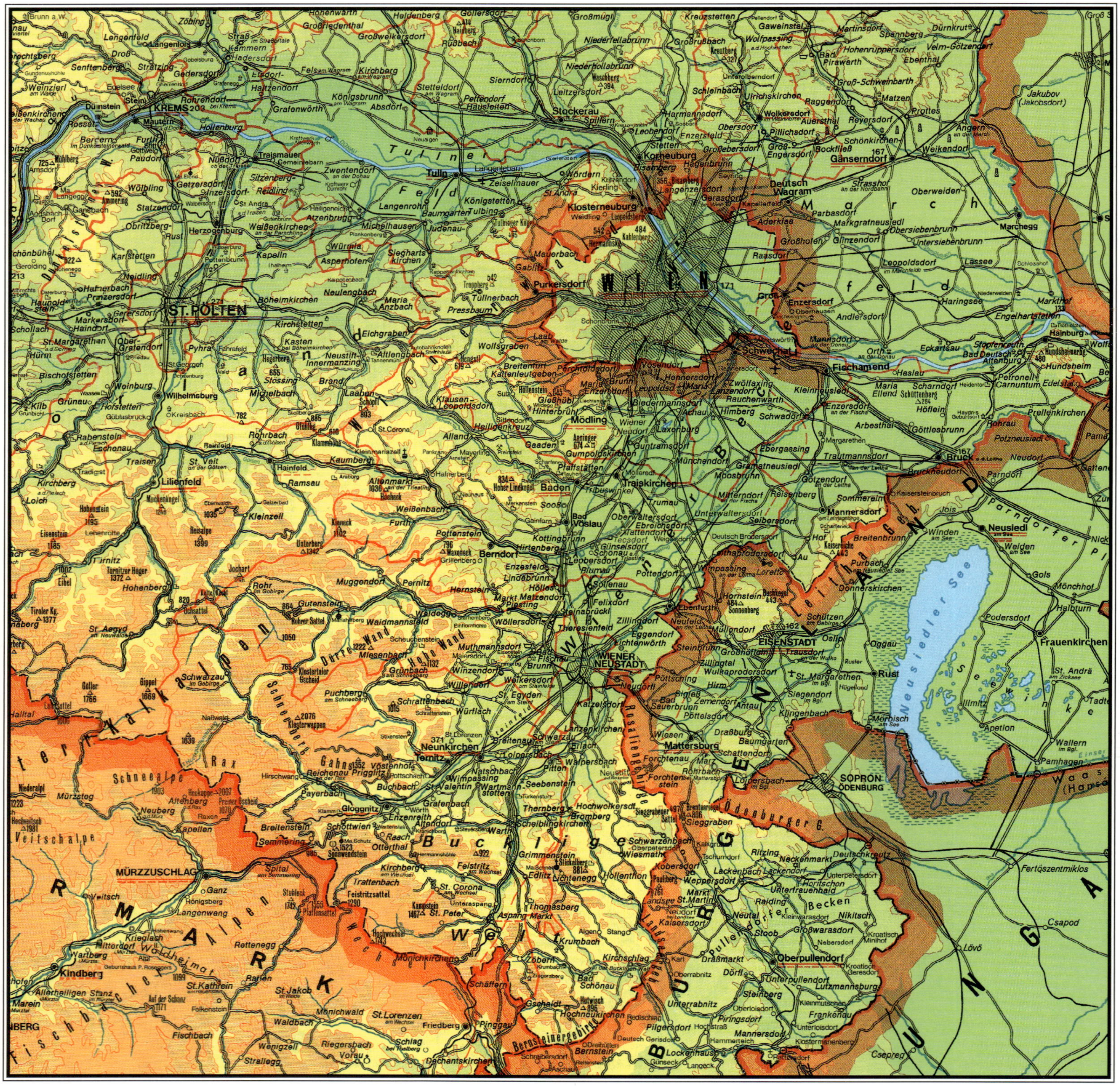

KREMS
Mautern
Hollenburg
Tullner Feld
Tulln
Stockerau
Korneuburg
Klosterneuburg
Deutsch Wagram
Gänserndorf
Marchfeld
Marchegg
WIEN
Purkersdorf
Pressbaum
Schwechat
Fischamend
Hainburg
Petronell-Carnuntum
ST. PÖLTEN
Herzogenburg
Traismauer
Wilhelmsburg
Lilienfeld
Hainfeld
Mödling
Baden
Bad Vöslau
Traiskirchen
Bruck
Neusiedl
Neusiedler See
Rust
EISENSTADT
Mattersburg
SOPRON ÖDENBURG
WIENER NEUSTADT
Neunkirchen
Gloggnitz
Semmering
Schneealpe
Rax
MÜRZZUSCHLAG
Kindberg
Bucklige Welt
Aspang Markt
Kirchschlag
Oberpullendorf
Bernstein
STEIERMARK
BURGENLAND
UNGARN
Frauenkirchen
Pamhagen

Anhang

Das Viertel unter dem Wienerwald von A–Z

Die Schloßkapelle erinnert noch heute an die Tragödie von Mayerling.

Achau
Das Straßendorf am Zusammenfluß von Schwechat, Triesting, Mödling- und Krottenbach wurde Anfang des 12. Jh.s als „Aichowe" erstmals in einer Schenkungsurkunde Heinrichs I. schriftlich erwähnt. Ein Renaissance-Epitaph in der Kirche des hl. Laurentius stellt den Ritter Carl von Haiden dar, dessen Familie 150 Jahre die Geschicke des Ortes lenkte, bevor 1688 Daniel Moser – 1626–1637 Bürgermeister von Wien – die Herrschaft erwarb. Heute befindet sie sich im Besitz der Familie Suttner. *Information:* Gemeindeamt Achau, Tel. 02236/71 583

Alland
Der Geburtsort Friedrichs von Österreich, des letzten Babenbergers, liegt am Ausgang des → Helenentals. Bekannt geworden ist er nicht zuletzt durch das nahe gelegene Jagdschloß → Mayerling des Kronprinzen Rudolf. Die sehenswerte Wallfahrtskirche Maria Raisenmarkt ist Ausgangs- und Zielpunkt herrlicher Wanderwege. Kletterer kommen in den schroffen Wänden des Peilsteins (718 m) auf ihre Kosten. Sehenswert: Pfarrkirche Alland, Jagdschloß Mayerling, Ruine Arnstein, Arnsteinnadel und -höhle, Tropfsteinhöhle; Ausflugsziele: → Heiligenkreuz, Seegrotte → Hinterbrühl; *Information:* Fremdenverkehrsverein Alland, Tel. 02258/22 45

Altenmarkt an der Triesting
Der an der → Via Sacra gelegene Markt – Herzog Friedrich von Österreich verlieh ihm 1448 das Marktrecht, „damit es mit dem Namen vereinbarlich sei" – im oberen Triestingtal stand schon im 12. Jh. unter einheitlichem Besitz und war aufgrund seiner strategischen Lage gegen den Osten bedeutend. Sehenswert: Pfarrkirche mit spätgotischem Chor; Langhaus 1785/86, barocke Kuppelkirche Thenneberg mit Fresken von J. Bergl und I. Mildorfer; Ausflugsziele: Wallfahrtskirche Hafnerberg, Kleinmariazell, Peilstein (718 m), Hocheck (1037 m), Schöpfl (893 m), Burgruine Araberg (höchstgelegene Burgruine Niederösterreichs); *Information:* Gemeindeamt Altenmarkt a. d. Triesting, Tel. 02673/22 00

Aspang-Markt
Am Zusammenfluß der Quellbäche der Pitten gelegen, ist Aspang-Markt einer der wirtschaftlichen und kulturellen Mittelpunkte der Wechselregion. Zum ersten Mal wurde der Ort 1220 urkundlich erwähnt. Sehenswürdigkeiten sind das Schloß mit seinem Kern aus dem frühen 13. Jh. und das Automobilmuseum, das auf 2500 m² 120 Objekte – vom Kutschenmobil bis zu Sport- und Rennwagen – zeigt. Sehenswert: u. a. Pfarrkirchen in Ober-, Unter-Aspang sowie Aspang-Berg, Karner, Kaiser-Franz-Josef-Jubiläumsbrunnen; *Information:* Gemeindeamt Aspang-Markt, Tel. 02642/230 317

Bad Fischau-Brunn
Das um 1900 in seiner heutigen Gestalt eröffnete Thermalbad – die Quellen waren bereits den Römern bekannt – ist bis heute ein beliebtes Ausflugsziel und gewissermaßen Trademark des Ortes, dessen Geschichte schon in keltischer Zeit beginnt; darauf deutet der Siedlungsname „Viscaia" hin. Mitte des 9. Jh.s wurde in „Fiscere" von Erzbischof Adalvin eine Taufkirche und ein Weghospiz für Reisende errichtet. Mit dem Aufstieg → Wiener Neustadts – die Gründung der „Neuen Stadt" wurde 1194 in Bad Fischau beschlossen – verlor Fischau allerdings seine bisherige Bedeutung. Lediglich mit dem Weinbau, der hier seit dem 1. Jh. betrieben wird, konnte man sich einen gewissen wirtschaftlichen Stellenwert erhalten. Heute präsentiert sich Bad Fischau – 1969 erfolgte der Zusammenschluß mit Brunn – als Bade- (Rheuma- und Trinkkuren) und Erholungsort. Sehenswert: Schloß, Pfarrkirche, Berghof; Ausflugsziele: Eisensteinhöhle mit Museum, Naturpark → Hohe Wand, Wiener Neustadt; *Information:* Gemeindeamt Bad Fischau-Brunn, Tel. 02639/22 13

Kaiser Mark Aurel baute Carnuntum zu einem „Pompeji vor Wien" aus.

Bad Deutsch-Altenburg
Die Kraft der hier fließenden Jodschwefelquellen – es ist die stärkste Jodschwefeltherme Mitteleuropas – wurde schon von den Römern geschätzt, was zahlreiche steinerne Zeugen beweisen. Eines der architektonisch interessantesten Bauwerke ist der Archäologische Park Carnuntum, der aus einer bedeutenden Römersiedlung hervorging und sich zwischen → Petronell und → Bad Deutsch-Altenburg erstreckt. Von der Marienkirche mit dem Karner (13. Jh.) eröffnet sich ein wundervoller Ausblick weit übers Land. Sehenswert: Wasserschloß Ludwigstorff, Biedermeierhäuser; Ausflugsziele: Hundsheimer Berg (480 m), Nationalpark Donauauen, Kirchenberg, Marchfeldschlösser; *Information:* Tourismusbüro Bad Deutsch-Altenburg, Tel. 02165/62 459

Baden
Die Sommerfrische verdankt ihre Entstehung den heilsamen Schwefelthermalquellen. Schon den Römern war das Heilbad als „Aquae" bekannt, und auch heute ist das Element Wasser zentraler Punkt im Selbstverständnis der Stadt. Baden war die Kaiserresidenz der Biedermeierzeit: Von 1804 bis 1834 verbrachte der Habsburgische Hof hier jeden Sommer; in ihrem „Gefolge" befanden sich namhafte Künstler jener Zeit. Wolfgang Amadeus Mozart und Ludwig van Beethoven komponierten in Baden. Josef Lanner, Franz Lehár und „die Sträuße" dirigierten hier. Die Handlung der *Fledermaus* von Johann Strauß Sohn spielt sogar in Baden. In den Gästebüchern finden sich Namen wie Ferdinand Raimund, Johann Nestroy, Peter Rosegger oder Arthur Schnitzler. Max Reinhardt war ein gebürtiger Badener, und Boris Pasternak war hier eine Zeitlang sowjetischer Kulturoffizier. Villen, Palais, noble Bürgerhäuser und Plätze tragen die Handschrift der renommiertesten Architekten der Biedermeierzeit, des Historismus und des Jugendstils. Namhafte bildende Künstler schufen hier bedeutsame Werke. Sehenswert: u. a. Mineralschwimmbad, Thermalstrandbad, Kurpark, Beethovenhaus, Rollett-Museum, Kaiser Franz Josef-Museum, Puppen- und Spielzeugmuseum, Sommerarena, Spielcasino; Ausflugsziele: Helenental, Ruinen Rauheneck und Rauhenstein,

Lindkogel; *Information:* Tourismusinformation Baden, Tel. 022 52/ 41 83 359
Badner Kultur: Namensgebend sind die 1892 in der Königshöhle gemachten Funde: zahlreiche Keramikbruchstücke, Stein- und Knochengeräte sowie eines Ösenhalsreifs aus Kupfer (3300 bis 2800 v. Chr.). Charakteristisch ist die Verzierung der Gefäßoberflächen mit Reihen unterschiedlich breiter Kannelur (Rillen) in verschiedenen Mustern.
Badnerbahn: Eine Heurigenpartie nach → Guntramsdorf, → Pfaffstätten, → Traiskirchen oder → Baden unternimmt man am besten mit der „Elektrischen". Man steigt bei der Wiener Staatsoper ein und läßt sich gemächlich aufs Land hinaus kutschieren. Durchgehenden elektrischen Verkehr, wie das heute der Fall, gibt es aber erst seit 1907. Entlang der Bahnstrecke Wien-Baden liegen einige Ballungszentren wie etwa die Shopping City Süd oder das Siedlungsgebiet → Maria Enzersdorf Südstadt. *Information:* Wiener Lokalbahnen AG, Tel. 02252/44 566

Bad Vöslau
Zwar steht der im 12. Jh. erstmals schriftlich erwähnte Ort ein bißchen im Schatten seines großen Nachbarn → Baden, trotzdem gehört er zu den bedeutendsten (Weinbau-) Gemeinden der Thermenregion. Dies nicht zuletzt deshalb, weil hier eine im Tertiär entstandene Thermalquelle sprudelt – den Titel „Bad" bekam Vöslau 1904 verliehen –, deren Wasser nicht nur bei medizinischen Kuren Verwendung findet, sondern auch den G'spritzten – die Mischung aus Mineralwasser und Wein – erst zu einer wirklich prickelnden Erfrischung macht. Im Juni 1846 konnte man in Bad Vöslau auch den ersten österreichischen Schaumwein aus dem Hause Schlumberger verkosten. Sehenswert: ehemalige Wasserburg, Thermalbad, Freiheitsbrunnen, Pfarrkirche, Heimatmuseum; Ausflugsziel: Aussichtswarte auf dem Harzberg, Lausturm, Beethoven-Wanderweg; *Information:* Informationsbüro am Schloßplatz, Tel. 02252/ 70 743

Berndorf
Seit der Gründung der Berndorfer Metallwarenfabrik – Mitte des 19. Jh.s durch Alexander von Schoeller und Hermann Krupp – entwickelte sich Berndorf zur Metropole des Triestingtals. Seither machte sich der Ort mit der Erzeugung und dem Verkauf von Bestecken und Tafelgeräten einen in der ganzen Welt berühmten Namen. Das Stadttheater, vom Architekten-Duo Helmer und Fellner erbaut, und die historischen Schulräume, 11 Schulklassen in 11 verschiedenen architektonischen Stilarten, sind die wichtigsten Sehenswürdigkeiten der ehemaligen Krupp-Stadt. Besuchenswert sind auch die jährlich stattfindenden Berndorfer Sommerspiele. *Information:* Gemeindeamt Berndorf, Tel. 02672/822 530

Biedermannsdorf
Ein „Pidermannsdorf" ist seit 1275 bekannt, gesiedelt wurde aber hier schon in der Jungsteinzeit. Mit dem Bau des

Die Kuppel der Kirche von Berndorf nahe der berühmten Krupp-Schule

→ Wiener Neustädter Kanals Ende des 18. Jh.s wird die Industrialisierung spürbar. Ein markanter Bestandteil des Ortes ist das Borromäum, ein ehemaliges Kloster mit angeschlossenem Waisenhaus und einer Schule. *Information:* Gemeindeamt Biedermannsdorf, Tel. 02236/71 131

Blauer Portugieser
→ Weinbau

Breitenfurt
Im obersten Tal der Reichen Liesing gelegen, schließt die Gemeinde unmittelbar an Wien. Das 1714–1735 unter Karl VI. erbaute Schloß wurde 1796 größtenteils abgebrochen. Unverändert geblieben ist die Schloßkapelle und heutige Pfarrkirche – Kuppelfresko im Stil J. M. Rottmayrs von Daniel Gran – von Anton Erhard Martinelli, dem Baumeister Fischer von Erlachs. Eine zweite sehenswerte Kirche Breitenfurts stammt von Clemens Holzmeister. Berühmt und sozusagen in aller Munde ist das Städtchen allerdings wegen einer kulinarischen Besonderheit: dem Millirahmstrudel, um den man hier auf keinen Fall herumkommt. Ausflugsziele: Eichberg, Vorderer Wörglerberg, Tierpark → Wolfsgraben (ehemaliger Holzfällerort); *Information:* Gemeindeamt Breitenfurt, Tel. 02239/23 420

Bruck an der Leitha
Die malerische Bezirkshauptstadt, an den Hügeln des Leithagebirges gelegen, wurde als „Aschirichesprucca" 1074 erstmals urkundlich erwähnt. Die auch heute noch erhaltene Ringmauer mit den vier Stadttoren und dem Stadtgraben wurden zu Beginn des 13. Jh.s errichtet. Kulturhungrige kommen in Bruck an der Leitha voll auf ihre Kosten: Neben eindrucksvollen Kulturgütern aus der Zeit der Monarchie wie dem Drei-Kaiserhaus stößt man auf dem Mark-Aurel-Radwanderweg allenthalben auf Überreste aus der Römerzeit. Für musikalische Genüsse sorgt das allsommerliche Brucker Musical-Festival. Sehenswert: Pfarrkirche zur Hl. Dreifaltigkeit, Schloß Prugg; Ausflugsziel: Kaiservilla, Steinmetzmuseum Kalksteinbruch, Marchfeld; *Information:* Gästeinformation Bruck a. d. Leitha, Tel. 02162/67 590

Brunn am Gebirge
Ähnlich wie auch die Nachbargemeinde → Maria Enzersdorf ist Brunn am Gebirge ein beliebtes Rückzugsgebiet der Wiener Bevölkerung. Hier befindet sich in der Franz-Keim-Gasse eines der beeindrukkendsten Jugendstilensembles Österreichs, das der Otto Wagner-Schüler Sepp Hubatsch erbaute. Der Namensgeber der Straße, Verfasser eines der berühmtesten österreichischen Volkslieder, dem *Weltverdrußlied,* wohnte bis zu seinem Tod 1918 auf Nummer 12. Aber auch mit anderer Prominenz kann die Gemeinde „am Gebirge" aufwarten: Der Theaterkritiker und Schriftsteller Hans Weigel residierte am Barmhartstalweg und Rudolf Steiner, der Begründer der Waldorfschulen, im Brunner Gliederhof. *Information:* Gemeindeamt Brunn a. Gebirge, Tel. 02236/36 101

Bucklige Welt
So nennt man das Hügelland am Alpenostrand, das sich zwischen Semmering im Westen, dem Rosaliengebirge und dem

Oberpullendorfer Becken im Osten sowie dem Wechselgebiet im Süden erstreckt. Breite Täler und zahlreiche „Riegeln" (Bergkuppen) sind die Charakteristika der Region mit den Hauptorten → Aspang-Markt im Pittental und → Kirchschlag im Zöberntal. Wen wundert's, daß hier vor kurzem eine neue Sportart, das „Buckelbiken", entstanden ist: Das Auf und Ab vor der großartigen Kulisse von Rax und Schneeberg ist geprägt von der Abwechslung zwischen herausfordernden Anstiegen und flotten Abfahrten auf überwiegend asphaltierten Wegen und Straßen. Radfahrern und Wanderern seien die Wehrkirchenroute (ungefähr 113 km), die Panoramaroute (rund 195 km) oder der Zöbernbachradweg (der sehr gut auch für Kinder geeignet ist) empfohlen. *Information:* Tourismusregion NÖ-Süd Alpin, Tel. 02664/25 39

Carnuntum
Die ehemalige römische Siedlung im Bereich der heutigen Orte → Petronell und → Bad Deutsch-Altenberg war die bedeutendste in Österreich. Sie wird in zahlreichen Werken – wie den *Selbstbetrachtungen* des Kaisers Mark Aurel – erwähnt. Die ältesten archäologischen Funde aus dem Bereich des Legionslagers stammen aus der Mitte des 1. Jh.s. Die Stadt wurde unter Kaiser Trajan (98–117) Provinzhauptstadt und Sitz des Statthalters. Von Kaiser Hadrian wurde sie zur selbständigen Stadt und von Kaiser Septimius Severus – er wurde hier zum Kaiser ausgerufen – in den Rang einer Colonia erhoben. Carnuntum avancierte zu einer Handelsmetropole ersten Ranges; sie war Standort einer Legion und einer Donauflotte. Und 307 oder 308 fand hier sogar eine Kaiserkonferenz statt. Nach einem Erdbeben, das verheerenden Schaden anrichtete, setzte ca. 350 der Niedergang ein. Als Begründer der Carnuntum-Forschung kann der Wiener Humanist Dr. Wolfgang Lazius gesehen werden. Schon Mitte des 16. Jh.s bereiste er das Gebiet, um Inschriften von Weihealtären und Grabsteinen aufzuzeichnen; seit 1885 wird im Gebiet Petronell–Deutsch-Altenburg systematisch archäologisch gearbeitet. *Information:* Archäologischer Park Carnuntum, Tel. 02163/33 770

Ebenfurth an der Leitha
Ungefähr 10 km nordöstlich von → Wiener Neustadt liegt Ebenfurth, das einen ausführlichen „Abstecher" auf alle Fälle wert ist – denn hier befindet sich ein prachtvolles, wenn auch leider ziemlich verfallenes Renaissance-Schloß, und in seiner Kapelle kann man ein herrliches Deckenfresko von Franz Anton Maulbertsch bestaunen. Ausflugsziele: u. a. Naturpark → Hohe Wand; *Information:* Gemeindeamt Ebenfurth, Tel. 02624/52 250-0

Ebreichsdorf
Der Ort ist eine der ältesten Industriegemeinden Österreichs und ein einzigartiges Beispiel für barocke Industriearchitektur, die unter Johann Christoph Freiherr von Bartenstein – er residierte in dem auch heute noch bestehenden Ebreichsdorfer Wasserschloß – ihre Hochblüte hatte. Besonders sehenswert ist die ehemalige Tuchmanufaktur, in der über 2000 Menschen beschäftigt waren, die durch ein eigenes Krankenhaus betreut wurden. *Information:* Gemeindeamt Ebreichsdorf, Tel. 02254/722 180

Die Bucklige Welt ist reich an alten Wehrkirchen – wie jener in Edlitz.

Enzersdorf an der Fischa
Die Marktgemeinde mit der Katastralgemeinde Margarethen/Moos wurde 1045 erstmals urkundlich erwähnt. Das Schloß in Margarethen war vor 1045 eine Wehranlage und wurde ursprünglich als Wasserschloß angelegt. 1830 wurde der Wassergraben eingeebnet und ein prächtiger Schloßpark im englischen Stil angelegt. Im Inneren des Schlosses sind heute Wohnungen, das Pfarramt und das neu restaurierte „Refektorium" untergebracht. Sehenswert: Pfarrkirchen St. Thomas und Hl. Margareta, Dreifaltigkeitssäule, Pietà; Ausflugsziele: Königsberg (260 m), Neuberg (237 m); *Information:* Gemeindeamt Enzersdorf, Tel. 02230/84 66

Enzesfeld-Lindabrunn
Der Industrie- und Gewerbemarkt am Austritt der Triesting aus den Ausläufern der Alpen ins Wiener Becken ist aus zwei Gründen bekannt: Zum einen befanden sich hier die Enz-Caro-Werke, die einst Bronze erzeugten. Zum anderen liegt im Ortsteil Lindabrunn die Bundessportschule, in der nicht nur die Trainingskurse des österreichischen Fußballbundes, sondern auch hin und wieder Trainings der Nationalmannschaft stattfinden. Alljährlich gibt es hier auch das berühmte Bildhauersymposion. Sehenswert: Pfarrkirche, Schloß; Ausflugsziel: Skulpturengarten; *Information:* Gemeindeamt Enzesfeld-Lindabrunn, Tel.02256/812 510

Essen & Trinken
Kurhotel Bad Schönau, Bad Schönau, Am Kurpark 1, Tel. 02646/82 51
Batzenhäusel, Baden, Theaterplatz 9, Tel. 02252/44 398
Caruso im Seminarhotel, Baden, Trostgasse 23, Tel. 02252/88 662-0
Primavera, Baden, Weilburgstraße 3, Tel. 02252/85 5 51
Rosenkavalier im Schloß Weikersdorf, Baden, Schloßgasse 9–11, Tel. 02252/48 301
Sauerhof, Baden, Weilburgstraße 11–13, Tel. 02252/41 251-0
Waldgasthof Schimanszky, Berndorf-Ödlitz, Rosenstraße 18, Tel. 02672/82 320
Zum Goldenen Hahn, Berndorf, Leobersdorfer Straße 97, Tel. 02672/82 671
Ulm, Breitenfurt-West, Hauptstraße 25, Tel. 02239/22 49
Jeitler, Bromberg, Oberschlatten 1, Tel. 02629/82 67
Karnerwirt, Bromberg, Hauptstraße 16., Tel. 02629/82 54
Brueghelhof, Ebreichsdorf, Rechte Bahnzeile 9, Tel. 02254/72 338
Wiesbauer, Feistritz am Wechsel 20, Tel. 02641/21 56
Merzendorfer, Fischamend, Hainburger Straße 1, Tel. 02232/76 314
Zum Rostigen Anker, Fischamend, Donauarmstraße 20, Tel. 02232/76 458
Schloßtaverne Gloggnitz, Gloggnitz, Kirchensteig 3, Tel. 02662/43 004
Backhendlstation Thallern, Gumpoldskirchen, Tel. 02236/53 326

Jagdhof, Guntramsdorf, Hauptstraße 41, Tel. 02236/52 225
Gutensteinerhof, Gutenstein, Vorderbruck 21a, Tel. 02634/72 76
Haydnstüberl, Hainburg, Klosterplatz 2, Tel. 02165/63 847
Zu den drei Raben, Hainburg, Ungarstraße 6, Tel. 02165/62 407
Zum guten Hirten, Himberg, Gutenhof 12, Tel. 02235/87 582
Hexensitz, Hinterbrühl bei Mödling, Johannesstraße 35, Tel. 02236/22 937
Höhwirt, Hochneukirchen, Beim Höhwirt 1, Tel. 02648/213
Grüner Baum, Kirchberg am Wechsel, Markt 55, Tel. 02641/22 54
Kalteis, Kirchberg an der Pielach, Melkerstraße 10, Tel. 02722/72 230
Hotel Post, Kirchschlag, Günserstraße 2, Tel. 02646/22 16
Stiftskeller, Klosterneuburg, Albrechtsbergergasse 1, Tel. 02243/411 601
Donaurestaurant Tuttendörfl, Korneuburg, Tuttendörfl 6, Tel. 02262/72 485
Killermann, Maria Enzersdorf, Dreihäusergasse 1, Tel. 02236/29 792
Marienhof, Mayerling 1, Tel. 02258/23 78
Hütt, Mitterndorf 9, Tel. 02275/52 54
Babenbergerhof, Mödling, Babenbergergasse 6, Tel. 02236/22 246
Friedrich Schiller, Mödling, Friedrich-Schiller-Straße 90, Tel. 02236/26 999
Zum guten Tropfen, Mödling, Neudorfer Straße 56, Tel. 02236/26 433
Brunnenstöckl, Neunkirchen, Hauptplatzpassage, Tel. 02635/61 844
Gelbes Haus, Wiener Neustadt, Kaiserbrunngasse 11, Tel. 02622/26 400
Alpenhof Kreuzberg, Payerbach, Kreuzberg 60, Tel. 02666/52 911
Jahreszeiten, Perchtoldsdorf, Hochstraße 17, Tel. 0222/865 31 29-0
Karl-Wirt, Perchtoldsdorf, Ketzergasse 155, Tel. 01/869 03 01
Rathauskeller, Perchtoldsdorf, Marktplatz 10, Tel. 0222/865 97 59
Kräuterwirt Preinerhof, Prein an der Rax, Preinrotte 24, Tel. 02665/(7)2 56
Restaurant Zur Pfalzau (Wolfgang Ambros Lieblingsgasthaus) Berghaus Hochschneeberg, Puchberg am Schneeberg, Hochschneeberg, Tel. 02636/22 57
Rathaus Stuben, Purkersdorf, Hauptplatz 13, Tel. 02231/64 482
Knappenhof, Reichenau an der Rax, Kleinau 34, Tel. 02666/53 633
Peterhof, Reichenau-Edlach 57, Tel. 02666/53 612
Belvedere, Semmering, Hochstraße 60, Tel. 02664/22 70
Wagner, Semmering, Hochstraße 267, Tel. 02664/25 120
Wintergarten im Panhans, Semmering, Hochstraße 32, Tel. 02664/81 81
Puchegger-Wirt, Winzendorf, Bahnhofplatz 86, Tel. 02638/22 224
Schmutzer, Winzendorf, Hauptstraße 12, Tel. 02638/22 237
Gutmann, Zöbing, Heiligenseinstraße 32, Tel. 02734/23 34

Fischamend
Der Ort an der Mündung der Fischa in die Donau südöstlich von Wien umfaßt die Katastralgemeinden Fischamend-Markt

Auf der Wehrkirche von Bad Schönau nisten die Störche.

und Fischamend-Dorf. Seit dem Mittelalter entstanden jeweils am rechten und linken Ufer der Fischa Siedlungen. Zur Stadt erhoben wurde Fischamend aber erst 1986. Sehenswert: barocke Pfarrkirche (1715–1730) mit Abendmahlbild von F. A. Maulbertsch (um 1765), mittelalterliche Filialkirche (vor 1400) mit Rokokoeinrichtung, frühbarocker Marktturm mit Heimatmuseum; *Information:* Gemeindeamt Fischamend, Tel. 02232/763 230

Furth
Der Ort markiert gewissermaßen das Ende des Wienerwaldes und gilt als Tor zu den Alpen. In Anbetracht von Erhebungen mit mehr als 1000 m verspürt man hier schon einen Hauch von gebirgiger Atmosphäre. Aber nicht nur als Ausgangspunkt anspruchsvoller Wanderungen und Kletterpartien, sondern auch als Wallfahrtsort machte sich Furth einen Namen. Schon zu Zeiten Maria Theresias kehrten viele Fußwallfahrer auf ihrem Weg nach Mariazell hier ein. Sehenswert: Pfarrkirche St. Magdalena; Ausflugsziel: Steinwandklamm, Hocheck (Panoramastraße), Waldlehrpfad; *Information:* Gemeindeamt Furth, Tel. 02674/88 219

Gaaden
Die ehemalige Pilgerstation auf dem Weg nach Mariazell ist einer der beschaulichsten Orte des „Unteren Wienerwalds". Bereits in Ur- und Frühgeschichte besiedelt, erhielt 1130 ein Ulrich von Stiefern – dessen Nachfahren sich komischerweise „Esel von Gaaden" nannten – „Gademe" als Lehen. Im 13. Jh. wurde Gaaden in ein Ober- und Untergaaden erbgeteilt. Seitdem feiert man den sogenannten „Kraxenkirtag". Sicher hat auch das eine oder andere Mal der Dichter Ferdinand Raimund daran teilgenommen, der hier seinen *Verschwender* vollendete. Sehenswert: gotische Pfarrkirche, Schloß, Skulpturengruppe „Ölberg" von Giovanni Giuliani; Ausflugsziel: Wohnhaus der Schauspielerin Therese Krones (Sparbach), Natur- und Wildpark „Sparbach", Ruine Johannstein und Mühle; *Information:* Gemeindeamt Gaaden, Tel. 02237/72 03

Gablitz
Die von Slawen gegründete Siedlung – das beweist die Endung „-itz" – stand und fiel mit der alten Poststraße, der heutigen B1. Da die Gegend immer wieder von Räuberbanden heimgesucht wurde, verordnete Kaiser Ferdinand II. 1606 zur besseren Absicherung der Handels- und Reiseroute, daß links und rechts je 30 m Wald abzuholzen seien. 1912–1931 unterrichtete an der hiesigen Volksschule der Existenzphilosoph Ferdinand Ebner. Der wohl berühmteste Kabarettist der Zwischenkriegszeit, Fritz Grünbaum, verbrachte ab 1913 mehrere Sommer im sogenannten „Artistenheim", das sich auf dem heutigen Parkplatz des Gasthauses Stadlmeier befand. Eine Gedenktafel erinnert daran und daß Grünbaum 1941 im KZ Dachau ermordet wurde. Sehenswert: frühbarocke Pfarrkirche (1642); Ausflugsziel: Kartause von → Mauerbach; *Information:* Gemeindeamt Gablitz, Tel. 02231/34 660

Gerasdorf
Die heutige Gemeinde besteht aus den Ortsteilen Gerasdorf und Seyring sowie

den Siedlungen Kapellerfeld, Oberlisse und Föhrenhain. Gerasdorf dürfte im 11. Jh. entstanden sein und wird – nach einer Schenkung – um 1200 erstmals im Klosterneuburger Traditionsbuch erwähnt. Bis 1917 befand sich die Grundherrschaft Seyring im Besitz verschiedener Adelsgeschlechter u. a. der Familie Auersperg. Die Siedlungen Oberlisse und Kapellerfeld entstanden in der Zwischenkriegszeit. Gerasdorf ist heute wegen seiner Nähe zur Bundeshauptstadt bevorzugtes Siedlungsgebiet. Der zwischen 1987 und 1992 errichtete Marchfeldkanal ist zudem beliebtes Ausflugsziel. *Information:* Gemeindeamt Gerasdorf, Tel. 02246/22 72

Gloggnitz
Die Geschichte des Ortes im Oberen Schwarzatal ist eng mit der des ehemaligen Benediktinerklosters verflochten. Um 1094 gründeten Mönche aus dem bayerischen Kloster Formbach eine Klause, die als Stützpunkt diente, von dem aus sie ihre „göttliche Botschaft" verkündeten. Der „Marckht" Gloggnitz steht 1556 wegen seines befestigten Klosters im Verzeichnis der Zufluchtsorte. 1842 war die Wien-Raaberbahn bis Gloggnitz befahrbar. 1854 wird die Semmeringbahn eröffnet. 1926 erhält Gloggnitz das Stadtrecht. Hier wurde Michael Hainisch, der erste Bundespräsident der Ersten Republik geboren und begraben. Karl Renner, Kanzler der Ersten und Zweiten Republik, hat zeitweise hier gelebt. Sehenswert: Schloß, Renner-Museum, Dirnbachermühle, Semmeringbahn; Ausflugsziel: Semmering-Bahnwanderweg, Semmering, Rax, Schneeberg; *Information:* Stadtamt Gloggnitz, Tel: 026 62/240 124

Göttlesbrunn-Arbesthal
Der romantisch und reizvoll gelegene Weinort Göttlesbrunn wird im 11. Jh. als „Gotinsprune" zum ersten Mal in einer Urkunde erwähnt. Die Weinbautradition reicht hier – genauso wie im Nachbarort Arbesthal – viele Jahrhunderte zurück. Nicht von ungefähr steht hier der angeblich älteste Weinstock Europas (im Garten des Gasthauses *Hazienda).* Das milde pannonische Klima mit intensiver Sonneneinstrahlung und geringen Niederschlägen im Sommer läßt besonders bekömmliche und lagerfähige Weine heranreifen. Sehenswert: Pfarrkirche, Karner, Weinbaudenkmal; Ausflugsziele: Nationalpark Donauauen, Archäologischer Park Carnuntum, Safaripark Gänserndorf; *Information:* Gemeindeamt Göttlesbrunn-Arbesthal, Tel. 02162/82 76

Gramatneusiedl
Als „Gezen Niusidelen" und „Hadem Niusidelen" wurde der Ort 1120 anläßlich der Weihe der Pfarrkirche Traiskirchen und der damit zusammenhängenden Neubestimmung der Grenzen des Pfarrbezirks in einer Urkunde genannt. 1333 heißt der Ort bereits „Gramas Neusidel", 1377 „Grabmanns Neusidel" und 1458 „Gramans Newsidel". Bis Mitte des 19. Jh.s war er im Besitz verschiedener Grundherren. 1840 verkaufte ihn das Wiener Domkapitel an die Gemeinde Gramatneusiedl.

Im Steinfeld bei Gramatneusiedl finden sich auch steinerne Zeugen.

1938–1954 gehörte sie zum 24. Wiener Gemeindebezirk. Aufgrund der Nähe zu Wien, günstiger Transportwege und der auch im winters eisfreien Fischa-Dagnitz wurde bereits 1820, in der umgebauten Theresienmühle eine Flachsspinnerei eingerichtet, die bald nach ihrer Gründung „Marienthal" genannt wurde. 1830 wurde durch den neuen Besitzer Hermann Todesco, die „k.k. privilegierte Marienthaler Baumwoll-Gespinst und Woll-Waren-Manufactur-Fabrik" errichtet, die mehr als 350 Arbeiter beschäftigte. Das alte Fabriksgebäude wurde zum Arbeiterwohnhaus umfunktioniert. 1845 baute der Sohn des verstorbenen Firmengründers das sogenannte „Neugebäude". Bis in die Mitte der zwanziger Jahre unseres Jh.s florierte der Betrieb, bis er Mitte der dreißiger Jahre stillgelegt wurde. Das Gebäude wurde im Zweiten Weltkrieg völlig zerstört, aber von ehemaligen Arbeitern wiedererrichtet. Heute befindet sich hier die Para-Chemie, einer der bedeutendsten Hersteller von Acrylglas in Europa. Marie Jahoda, Paul Lazarsfeld und Hans Zeisel verfaßten über Marienthal die inzwischen weltberühmte soziographische Studie *Die Arbeitslosen von Marienthal* (1933). Basierend darauf drehte die Regisseurin Karin Brandauer den Film „Einstweilen wird es Mittag" (1986). *Information:* Gemeindeamt Gramatneusiedl, Tel. 02234/72 205

Grünbach am Schneeberg
Ab 1827 wurde hier abgebaut, 1965 wurde es stillgelegt: in Grünbach befand sich das größte Steinkohlebergwerk Österreichs. Interessierte können sich über dessen Geschichte im örtlichen, privat geführten Bergbaumuseum informieren. Sehenswert ist auch die barockisierte Pfarrkirche mit dem spätgotischen Chor und dem Sternrippengewölben. *Information:* Gemeindeamt Grünbach, Tel. 02637/22 00-0

Gumpoldskirchen
Der traditionsreiche Weinbauort an der zu einigem Renommee gelangten „Weinstraße" verdankt seinen sprechenden Namen Gumpold, einem von drei Söhnen des Markgrafen Leopold I. Neben den romantischen und auch architektonisch interessanten Lesehöfen – u. a. der Benediktiner Hof – ist das Rathaus, ein Renaissancebau des 16. Jh.s, und der davor befindliche Pranger, Zeichen eigener Gerichtsbarkeit, sehenswert. Die meisten kommen aber für eine Heurigenpartie hierher, um die ausgezeichneten Zierfandler, Rotgipfler und Neuburger – allesamt Rebsorten, die nur in und um „Gumpolds" angebaut werden – zu verkosten. Obligatorisch sind natürlich verschiedene Weinfeste (u. a. Anfang Dezember die traditionelle Weintaufe). Hörenswert: Gumpoldskirchner Spatzen, der Kinderchor des Staatsoper Wien; Sehenswert: u. a. größte Vinothek Österreichs, Heimat-, Feuerwehrmuseum; Ausflugsziele: u. a. → Thallern, Anninger (674 m), Stift → Heiligenkreuz, Husarentempel, Ruine → Mödling; *Information:* Gemeindeamt Gumpoldskirchen, Tel. 02252/62 101, Heurigentelefon: 02252/62 555

Günselsdorf
Gohensunsdorf, Guntzinesdorf, Guntzisdorf und schließlich Günselsdorf wurde der Ort bereits „getauft". Als „Guncines-

dorf" scheint der Name 1130 in einer Urkunde auf. Lange Jahre stand das ehemalige Bauerndorf im Zeichen der 1846 von Franz Girardoni gegründeten Baumwollspinnerei. Sie wurde nach mehrmaligem Besitzerwechsel 1972 infolge der Textilkrise endgültig geschlossen. Ein anderes Standbein war von jeher der Weinbau. Auf den warmen Schotterböden des Steinfelds gedeihen nachweislich seit 1130 vorzügliche Rot- und Weißweine. Sehenswert: Löwentor, „Brennerei" (ehemalige Poststation); *Information:* Gemeindeamt Günselsdorf, Tel. 02256/62 880

Guntramsdorf
Die erste Erwähnung Guntramsdorfs fällt in die Zeit Karls des Großen im Zusammenhang mit dem Namen eines gewissen Grafen Gundram, der um etwa 860 der Gründer des Ortes gewesen sein dürfte. Nach Heinrich II. von Kuenring und den Herzögen von Mödling gelangte Guntramsdorf in den Besitz des Rittergeschlechts der Guntramsdorfer. Herzog Albrecht III. erhob die Gemeinde zum Markt, errichtete das Schloß von Guntramsdorf und einen „landesfürstlichen Fischteich". Nach verschiedenen Besitzerwechseln wurde der Ort 1848 selbständig. Jetzt gewannen auch die 1818 gegründeten Ziegelwerke an Bedeutung, deren Produkte zum Großteil für die Bauten der Wiener Ringstraße verwendet wurden. 1938–1954 gehörte Guntramsdorf zum 24. Wiener Gemeindebezirk. Für die Industrie bedeutsam war die von 1911 bis 1986 bestehende Walzengravieranstalt. Das industrie- und technikgeschichtlich interessante Ensemble wurde vor kurzem als Gewerbemuseum eingerichtet. Der ehemalige Betrieb ist mit allen Geräten, Maschinen und speziellen Werkzeugen ausgerüstet und voll funktionsfähig. Bemerkenswert ist die zentrale Transmissionsanlage, die mit einer Vielzahl von herabgespannten Lederriemen die Maschinen antrieb. Die Geschichte des Ortes an der Thermenlinie ist natürlich auch eng mit dem Weinbau verbunden. Dieser reicht bis 400 v. Chr. zurück, wie Traubenkerne als Grabbeigaben beweisen. Unter Kaiser Probus wurden die Weinbaufluren an den Hängen des Wienerwalds und des Eichkogels stark ausgeweitet. Während der Babenbergerzeit erlebte der Weinbau hier seine Hochblüte. Heute bewirtschaften 90 Hauerfamilien 125 ha Weingärten. Sehenswert: u. a. barockes Gartenhaus (um 1730), Mariensäule, Sachsendenkmal, Salvatorsäule, Johann-Nepomuk-Statue; Ausflugsziele: u. a. → Laxenburg, → Baden, → Mödling; *Information:* Gemeindeamt Guntramsdorf, Tel. 02236/53 501

Gutenstein
Auf dem geschichtsträchtigen Boden alter Illyrer- und Keltensiedlungen wählte König Friedrich der Schöne die von den Babenbergern erbaute „Vöstung Gutenstain" zu seinem Lieblingsaufenthaltsort, in dem er 1330 auch verstarb. Im 17. Jh. wurde der landesfürstliche Markt an den Freiherrn von Sixenstein (Hoyos) verkauft, dessen Sohn Reichsgraf wurde. Mit

Gumpoldskirchen gilt als „Beaune des österreichischen Weinbaus".

dem Neubau des Schlosses kam es im 18. Jh. zur Ansiedlung diverser Gewerbetreibender und zu einem stetigen Wachstum des Ortes. Durch die Erschließung des Tales und vor allem dem Ausbau der „Commercialstraße" wurde die wildromantische Gegend um Gutenstein in der Biedermeierzeit beliebter Aufenthaltsort von Künstlern wie Ferdinand Georg Waldmüller, Friedrich Gauermann, Leopold Kupelwieser und Ferdinand Raimund. Der Ort am Fuß des Schneebergs und seiner Vorberge avancierte zur bevorzugten Sommerfrische der sogenannten besseren Gesellschaft, wovon heute noch Bürgerhäuser und imposante Villen, wie etwa die Raimund-Villa in Pernitz, zeugen. Der in Pottenstein verstorbene und auf dem Gutensteiner Bergfriedhof begrabene Verfasser von Theaterstücken wie *Der Verschwender, Der Alpenkönig und der Menschenfeind* oder *Der Bauer als Millionär* verbrachte hier viele Sommer. Der uralte Park von Schloß Hoyos, eine der vielen Sehenswürdigkeiten des Marktes, dient als prächtige Kulisse der alljährlich stattfindenden „Raimund-Festspiele"; im Servitenkloster auf dem Mariahilfberg werden sommers Musikmeisterkurse und Konzerte der „Cartusiana" abgehalten. Sehenswert: u. a. Raimund-Gedenkstätte im Schloß, spätgotische Pfarrkirche, Burgruine, Waldbauernmuseum; Ausflugsziele: Luckerter Stein (Pernitz), Myrafälle (Muggendorf); *Information:* Gemeindeamt Gutenstein, Tel. 02634/72 20

Hainburg an der Donau
Eingebettet zwischen Braunsberg, Schloßberg und den Hundsheimer Bergen liegt am rechten Donauufer die romantische, alte Grenzstadt. Hier stand einst die „Heimburc", die mächtigste der Babenbergerzeit – jährlich stattfindende Burgspiele! –, von der man einen wunderschönen Blick auf den Nationalpark Donauauen – in Hainburg wurde im Oktober 1996 der entsprechende Staatsvertrag unterzeichnet – genießen kann. Es ist der letzte Auwald Europas, wo seit mehr als 2000 Jahren die Urweinrebe gedeiht. Am 19. 12. 1983 kam es in Hainburg zu Zusammenstößen zwischen Polizei und Au-Besetzern. Das war der Anlaß zum 1985 durchgeführten „Konrad-Lorenz-Volksbegehren", durch das die Errichtung des geplanten Donaukraftwerks verhindert werden konnte. Bekannt ist das jährlich stattfindende NÖ. Donaufestival. Sehenswert: u. a. historischer Stadtmarkt, Reste der mittelalterlichen Stadtbefestigung mit Wehrtürmen und Stadttoren, Stadtmuseum, Karner, Haydnbrunnen; *Information:* Tourismusverband March-Donauland, Tel. 02163/35 55

Haslau-Maria Ellend
Der beschauliche Ort an der B9 mit der Wallfahrtskirche und der Lourdes-Grotte ist Ausgangspunkt für ausgedehnte Wanderungen. *Information:* Gemeindeamt Maria Ellend, Tel. 02232/80 250

Heiligenkreuz
Man könnte fast meinen, hier sei die Zeit stehengeblieben. Heiligenkreuz – die Gemeinde umfaßt die Katastralgemeinden Preinsfeld und Siegenfeld – ist auch heute noch der ruhige, besinnliche Ort wie anno dazumal. Er entstand rund um

das im 12. Jh. errichtete Zisterzienserkloster, das mittlerweile zum Weltkulturerbe der UNESCO nominiert wurde. Hier wird seit 1188 – angeblich – ein großes Stück des Heiligen Kreuzes aufbewahrt. 1802 wurde die Philosophisch-theologische Hochschule gegründet, an der auch heute noch Priester ausgebildet werden. Auf dem Waldfriedhof von Heiligenkreuz liegt Mary Freiin von Vetsera begraben, die Geliebte von Kronprinz Rudolf. *Information:* Fremdenverkehrsausschuß der Gemeinde Heiligenkreuz, Tel. 02258/22 86

Helenental
„Ich kenn ein kleines Wegerl im Helenental, das ist für alte Ehepaare viel zu schmal", heißt es bei Alexander Steinbrecher. Beginnen kann man den längeren Spaziergang in der Helenenstraße. Am Thermal-Strandbad – 1926 erbaut – vorbei gelangt man über die Hildegardbrücke zur Weilburgstraße. Von hier aus kann man einen kleinen Abstecher ins Rollett-Museum machen, das der Badener Landgerichtsarzt Dr. Anton Rollett einrichtete und das u. a. die berühmte „Gallsche Schädelsammlung" beherbergt. Wieder zurück in der Weilburgstraße kommt man – nachdem die 1. Wiener Hochquellenwasserleitung „untergangen" wurde – zu der einst so mächtigen Weilburg, die kurz vor Ende des Zweiten Weltkriegs in Flammen aufging. Sie stand am Eingang des Helenentals, der anno dazumal von den Burgen Rauhenstein und Rauheneck bewacht wurde. Hier befindet sich auch die Eugenvilla, Sommersitz von Erzherzog Eugen. Ein paar Meter weiter führt ein Steg über die Schwechat und zum Aufstieg zur Ruine Rauhenstein. In der Kirche St. Helena ist jener Altar zu besichtigen, den um 1500 die Töpferinnung für den Stephansdom stiftete und den Papst Benedikt XIV. 1745 aus Gründen der Häresie entfernen ließ. Eine Badener Familie kaufte das Relief und brachte es in die Helenenkapelle. Wieder unten angelangt führt der Weg über die legendäre Hauswiese: Hier ließen Josef Lanner und Johann Strauß aufgeigen. Wer will, kann den etwas steileren Anstieg auf die Burg Scharfeneck bewältigen. Durch den Urtelstein am anderen Ufer der Schwechat geht es am sogenannten Beethoven-Wandl vorbei zur Antonsgrotte, weiter zum Beethovenstein und schließlich zur Augustinerhütte. Und bevor man über den Helenensteig und den Rainerweg das Badener Spielcasino erreicht, sollte man unbedingt auf einen Sprung im Kaiser-Franz-Joseph-Museum vorbeischauen. *Information:* Tourismusinformation Baden, Tel. 02252/41 83 359

Hernstein
Vor allem Manager kennen den Ort wenigstens vom Hörensagen: Schloß Hernstein, das von Theophil Hansen gestaltet wurde, beherbergt nämlich ein Managementinstitut, in dem Führungskräften allerlei seelische und geistige Fortbildung angeboten wird. Sehenswert: Pechermuseum, Opferstein; Ausflugsziel:

Burg Gutenstein überragt die verträumte Ferdinand-Raimund-Gemeinde.

über den Höhenweg zum Skulpturengarten nach Lindabrunn; *Information:* Gemeindeamt Hernstein, Tel. 02633/47 205

Himberg
Zwar war die Gegend im nördlichen Teil des Wiener Beckens schon in germanischer und römischer Zeit besiedelt, doch der Name „Himberg" taucht erst nach 1100 im Zusammenhang mit der Niederwerfung der Ungarn in der Schlacht am Lechfeld und der nachfolgender Besitznahme des Viertels unter dem Wienerwald bis zur Leitha durch die Babenberger auf. Das Gebiet um Himberg erhielt der aus uraltem bayerisch-elsässischem Adelsgeschlecht stammende Marquardus de Hintperg, und der spätere Kaiser Ferdinand I. gewährte seinen Untertanen 1533 für die während der Türkenkriege erlittenen Schäden Marktfreiheit und ein Mautprivilegium. Welch bedeutenden Platz Himberg unter der landesfürstlichen Herrschaft einnahm, zeigt die Errichtung und jahrhundertelange Führung eines kaiserlichen Fischhofes, eines Heumeisteramtes sowie einer Falknerei. Der Markt blieb bis 1749 landesfürstlicher Besitz. Dann kaufte ihn die zu dieser Zeit wohlhabende Bürgerschaft Maria Theresia ab. Ende des 18. Jh.s erfolgte die Errichtung einer „Kotzenwalke" („Kotzen" sind Dekken) und zweier Kattunfabriken, die die Industrie ankurbelten. Mit dem Bau der Ostbahnlinie Wien– Bruck an der Leitha verbesserte sich die wirtschaftliche Lage stetig.Von 1938–1954 war Himberg Teil des 23. Wiener Gemeindebezirkes. 1971 schloß man sich mit Velm, 1972 mit Pellenberg zusammen. Sehenswert: romanische Pfarrkirche; *Information:* Gemeindeamt Himberg, Tel. 02235/89 213

Hinterbrühl
Der Markt im Engtal des Mödlingbachs („Brühl"), den Beethoven einst „göttliche Briehl" nannte, ist durch seinen unterirdischen See, den größten Europas, bekannt geworden. Über die Landschaft westlich von Mödling schwelgte so mancher in den höchsten Tönen – u. a die Schriftsteller Franz Gaheis und Moritz Saphir. Die berühmte Hinterbrühler Seegrotte entstand infolge eines versunkenen Gipsbergwerks und wurde 1944 zur Flugzeugfabrik umfunktioniert. Sehenswert: Pfarrkirche; Ausflugsziele: Kleiner Anninger, „Breite Föhre" (500 Jahre alt), Husarentempel, Höldrichsmühle, Kalenderberg, Burg Liechtenstein, Grillparzer-Promenade; *Information:* Gemeindeamt Hinterbrühl, Tel. 02236/26 249

Hirtenberg
Genau genommen ist Hirtenberg gar kein Ort, sondern eine Arbeitersiedlung, die am Straßenrand entstand, um die Transportkosten niedrig zu halten. Hier befand sich nämlich einst die Hirtenberger Patronenfabrik. Und im Raum Hirtenberg standen zwei der bekanntesten Kupferhammerwerke: Der sogenannte „Althirtenberger Kupferhammer" – dessen Mauern bis in die dreißiger Jahre unseres Jh.s an jenem Ort standen, wo sich heute die Kupferhammersiedlung befindet – wurde um 1750 zur Erzeugung von Münzplatten für den Staat eingerichtet. Er war bis 1870 in Betrieb, während der sogenannte „Neuhirtenberger Hammer" in St. Veit bereits

1845 nicht mehr gebraucht wurde. Alois Sartory baute ihn schon 1820 zu einer Metallwaren- und Maschinenfabrik um. Er war einer der ersten Unternehmer in Österreich, der eine Dampfmaschine zur Ergänzung der Wasserkraft in Betrieb nahm. *Information:* Gemeindeamt Hirtenberg, Tel. 02256/81 111

Hof am Leithagebirge
Der freundliche Ort liegt an den westlichen Hängen des Leithagebirges und bietet neben herrlichen Spaziergängen einige Sehenswürdigkeiten wie etwa die Lichtsäule und die Kaisereiche. *Information:* Gemeindeamt Hof, Tel. 02168/62 393

Höflein
Die größte Weinbaugemeinde der Großlage Carnuntum ist auch die Blumenstadt Europas. Nachdem man bereits 1987 als Sieger im Wettbewerb „Niederösterreich im Blumenschmuck" brillierte, wurde zwei Jahre später der „Grand Prix d'Excellence" gewonnen. Einen behutsamen Umgang mit der Natur erfordert auch der Weinbau, der hier schon seit der Antike betrieben wird. Römisches Steinmaterial in der heutigen Friedhofsmauer beweist, daß sich hier ein Kastell sowie ein Gutshof befanden. Verkosten kann man die Kreszenzen in den Buschenschanken der fünf Kellergassen mit ihren alten Preßhäusern sowie auf den Höfleiner Kirtagen. Sehenswert: Wehrkirche St. Margareta, Limes-Weinstock; Ausflugsziele: Weinlehrpfad, Naturpark Donauauen, Archäologischer Park Carnuntum, Marienwallfahrtsort Maria Ellend, → Bad Deutsch-Altenberg, Joseph-Haydn-Geburtshaus in Rohrau, Schloß Harrach; *Information:* Gemeindeamt Höflein, Tel. 02162/62 553

Hohe Wand
Der Bergstock (1132 m) nördlich des Steinfelds zieht sich von dem im Nordosten liegenden Wandeck bei Dreistetten bis Zweiersdorf. Die Hauptmasse bilden bis zu 230 Millionen Jahre alte Dolomiten und Kalke. Entstanden sind sie als Teile der Kalkalpen. Unter dem vorherrschend warmen Klima gediehen auch riesige Urwälder, die nach ihrem Absterben immer tiefer sanken und von verschiedenen Erdschichten bedeckt wurden. Der gewaltige Druck und die Erdwärme verursachten eine Inkohlung, durch die im Laufe vieler Millionen Jahre die noch bis 1967 bewirtschafteten Steinkohlelager entstanden. Heute ist die Hohe Wand ein Naturpark mit Wildgehege und Naherholungsgebiet für die Wiener Bevölkerung. Zahlreiche Klettersteige, Wanderwege und Gasthäuser bieten für jeden etwas. Seit einigen Jahren ist der Gebirgszug auch ein Eldorado für Drachenflieger und Paragleiter. Außerdem besteht die Möglichkeit zu geführten „Geotrails". Die Geschichte der Hohen-Wand-Region wird im Alpin- und Heimatmuseum im Wiener Neustädter Haus dokumentiert. Sehenswert: Einhornhöhle, Tropfsteinhöhle, Burg Starhemberg, Burg Emmerberg; *Information:* Tourismusverband Wr. Neustadt–Hohe Wand–Piestingtal, Tel. 02622/29 551

Von Heiligenkreuz aus missionierten die Zisterzienser das Land.

Höllental
Zwischen den beiden höchsten Bergen Niederösterreichs, dem Schneeberg und der Raxalpe, befindet sich das wildromantische Höllental, das die Schwarza geprägt hat. Hunderte Meter Felsabbrüche und Kletterwände auf 15 km Länge sind ein Paradies für Bergsteiger, Naturliebhaber und Wildwasserpaddler. Mitte des 18. Jh.s gehörte es zu den bevorzugten Jagdgebieten Kaiser Karls VI., des Vaters von Maria Theresia. Auf einem seiner Jagdausflüge soll er hier eine Quelle entdeckt haben, deren Wasser wie aus einem Brunnen in die Höhe schoß. Sie ist heute unter dem Namen „Kaiserbrunn(en)" bekannt und Ausgangspunkt der 1. Wiener Hochquellenleitung. Sehenswert: Wasserleitungsmuseum; *Information:* Tourismusregion NÖ-Süd Alpin, Tel. 02664/25 39

Hundsheim
Bekannt ist der Ort durch die Bundessportschule Spitzerberg für Segelflieger. Nördlich von Hundsheim erstreckt sich ein 150 ha großes Naturschutzgebiet am und um den Hundsheimer Berg (480 m). Sehenswert: Segelflugmuseum, Pfarrkirche, romanische Annenkapelle, gotische Wehrtürme; Ausflugsziel: Güntherhöhle am Hexenberg; *Information:* Gemeindeamt Hundsheim, Tel. 02165/62 618

Industriestraße
Aufgrund seiner geomorphologischen Verhältnisse war das Viertel unter dem Wienerwald für eine Industrialisierung bestens geeignet. Seine Industriegeschichte steht deshalb auch paradigmatisch für den gesamten Industrialisierungsverlauf im 19. Jh. Sowohl Landschaft- und Siedlungsstruktur als auch die sozialen Verhältnisse wurden dadurch maßgeblich beeinflußt. Als Folge der Kontinentalsperre Napoleons kam es zu Beginn des 19. Jh.s zu einer ersten industriellen Gründungswelle in der „feuchten Ebene". Etwa 50 Baumwollspinnereien (u. a. → Schwadorf, → Ebreichsdorf, → Pottendorf, → Teesdorf) schossen wie Pilze aus dem Boden und brachten innerhalb eines Jahrzehnts rund 100 000 Handspinner an den Rand ihrer Existenz. In den Seitentälern (Triesting, Piesting, Schwarza) entstanden Eisen- und Kupferwerke (→ Guntramsdorf), Vorläufer der späteren Metall- (→ Waldegg, Oed), Stahl-, Waffen- (→ Berndorf) und Maschinenfabriken. Sägemühlen, Kalkbrennereien (→ Gumpoldskirchen) und intensive Harzgewinnung (Raum Pernitz) vervollständigen das Bild der Industrielandschaft. *Information:* Museum für Arbeit und Industrie im Viertel unter dem Wienerwald (Wiener Neustadt), Tel. 02622/26 015

Irenental
Eine der schönsten Gegenden um Pressbaum-Tullnerbach bietet viele Möglichkeiten zum (Rad-)Wandern. Zum Beispiel von der Schnellbahn-Haltestelle Tullnerbach-Pressbaum aus über den Carl-Ritter-Weg, hinauf zum Troppberggipfel. Auf dem Rückweg über den Buchberg gelangt man in das Tal des Großen Steinbachs und zum Anton-Wildgans-Weg, auf dem einen Tafeln durch das Werk des Dichters bis zur S-Bahn-Station Untertullnerbach führen. *Information:* Tourismusregion Wienerwald, Tel. 02231/62 176

Kaltenleutgeben
Die Marktgemeinde liegt im engen, waldreichen Tal der Dürren Liesing, quasi an der Stadtgrenze zu Wien. Deshalb ist es auch nicht verwunderlich, wenn die Wiener Bevölkerung den ehemaligen Kurort mit Wasserheilanstalt gerne als Sommerfrische benutzten. 1898 verbrachte hier auch ein gewisser Samuel Langhorne Clemens – alias Mark Twain – mit seiner Frau und seinen beiden Töchtern einige Wochen. Der geistige Vater von Tom Sawyer und Huckleberry Finn meinte über die Umgebung: „... beautiful wooded hills all about." Und in der Tat: Der Ort ist ein idealer Ausgangspunkt für schöne Wanderungen. Sehenswert: Pfarrkirche mit einem Abbild der schwarzen Madonna von Alt-Ötting; *Information:* Gemeindeamt Kaltenleutgeben, Tel. 02238/213

Katzelsdorf
Am Südrand des Steinfelds gelegen, präsentiert sich der Ort – gemeinsam mit Eichbüchl, Schwarzau und Frohsdorf – höchst aristokratisch: Hier finden sich sehenswerte Schlösser. Katzelsdorf, Eichbüchl und Frohsdorf hatte Marie Therese von Angoulême, die letzte Tochter Marie Antoinettes und Ludwigs XVI., den Grafen Hoyos abgekauft, nachdem sie nach Österreich in ihr selbstgewähltes Exil gegangen war. Heute ist das Schloß im Besitz der Gemeinde und wird von dieser mit Verve als Kultur- und Veranstaltungszentrum genutzt. *Information:* Gemeindeamt Katzelsdorf, Tel. 02622/78 200-0

Kirchberg am Wechsel
Der Markt, der auf 581 m Seehöhe liegt, ist besonders lufthungrigen, stadtmüden Erholungsuchenden zu empfehlen. Im Feistritztal am Fuß des Wechsels gelegen bietet es Ruhe und wunderschöne Wanderungen. 1920–1926 wirkte der Philosoph Ludwig Wittgenstein, Verfasser des berühmten *Tractatus logico-philosophicus,* in Kirchberg als Volksschullehrer. Sehenswert: spätbarocke Pfarrkirche, Mariensäule, spätgotische Wehrkirche, Dokumentationszentrum über Ludwig Wittgenstein; Ausflugsziele: u. a. Hermannshöhle mit Tropfsteinbildungen, → Bucklige Welt, → Semmering; *Information:* Tourismusverein Kirchberg am Wechsel, 02641/24 60

Kirchschlag
Der nahe der burgenländischen Grenze gelegene Ort bildet ein wirtschaftliches und historisches Zentrum der → Buckligen Welt. Der Meraner Schriftsteller Pater Adolf Innerkofler bezeichnete ihn als „Klein-Meran", womit er wohl nicht ganz unrecht hat. Hier befindet sich eines der schönsten historischen Bauwerke der Buckligen Welt, die über 500 Jahre alte spätgotische Pfarrkirche, die in ihrem Hauptschiff mit Netzgewölben und hohen Bündelpfeilern beeindruckt. Das Seitenschiff, auch als „Ungarische Kirche" bezeichnet, dürfte auf Veranlassung von Matthias Corvinus errichtet worden sein. Seit 1959 gibt es hier alle fünf Jahre stattfindende Passionsspiele. Sehenswert: Burgruine, Torstüberl, Kreuzweganlage, Johanneskapelle, Hofhaus, Büstenwand; Ausflugsziele: Burg Lockenhaus, Neusiedler See, Weinbaugebiet Mittelburgenland, Kurbäder Bad Schönau und Bürk, Rax, Schneeberg; *Information:* Marktgemeinde Kirchschlag, Tel. 02646/22 13

Das vielbesungene Helenental bei Baden ist Romantik pur.

Klausen-Leopoldsdorf
Entstanden ist der Ort an der Schwechat auf Initiative Kaiser Leopolds I. nach der letzten Türkenbelagerung 1683. Leopold lieh der Klause nicht nur seinen Namen, sondern holte Siedler aus allen Teilen des Reiches in den nahezu entvölkerten Wienerwald. Ihren Broterwerb verdienten sich die Leute als Holzflößer. Davon zeugt auch heute noch die sogenannte Hauptklause der Schwechat, die zuerst aus Holz, dann – als das Transportvolumen zunahm – aus Stein (1756) errichtet wurde. 1942 wurden die Schleusentore zum letzten Mal geöffnet. Sehenswert: Pfarrkirche, Ausflugsziel: Matraswarte, Mitterriegel; *Information:* Gemeindeamt Klausen-Leopoldsdorf, Tel. 02257/236

Klosterneuburg
Die frühesten Spuren menschlicher Ansiedlung reichen in die Jungsteinzeit zurück. Um die Mitte des 1. Jh.s erbauten die Römer hier ein Kastell zur Sicherung des strategisch wichtigen Donauübergangs. Nach dem Abzug der Römer im 5. Jh. siedelten sich hier im 8. Jh. Franken an und gründeten ein Dorf namens „Omuntersdorf". In Historikerkreisen wird die Meinung vertreten, damit könne nur die Kirchensiedlung St. Martin gemeint sein, da die Kirche dem Schutzpatron der Franken, St. Martin von Tours, geweiht ist. Im 11. Jh. errichtete man in der heutigen „Oberen Stadt" – unter Verwendung der alten Römerkastellmauern – die „Neuburg, weshalb man den Ort auch „Nivvenbruch" nannte. Hierher verlegte Markgraf Leopold III. seinen Herrschersitz. Daß er durch die Heirat mit der Kaisertochter Agnes in die Reihe der vornehmsten Reichsfürsten aufgestiegen war, brachte er mit seiner Residenz und dem 1114 gegründeten Stift – seit 1133 Kloster für die Augustiner-Chorherren – zum Ausdruck. Alljährlich findet hier am Leopolditag (15. November) das „Faßlrutschen" statt, bei dem auf einem 1704 gezimmerten Faß – Inhalt 56000 Liter – hinuntergerutscht wird. Schon im 18. Jh. reichte Neuburg über das jenseitige Donauufer hinaus. Wegen der häufigen Überschwemmungen rückte der jenseitige Teil immer weiter vom Strom ab, und zwar bis an die Stelle des heutigen Korneuburg. Logische Folge war die Trennung der beiden Stadtteile, die Herzog Albrecht I. 1298 veranlaßte: Er verlieh dem alten Teil (Neuburg klosterhalben) einfach ein neues Stadtrecht. Seit dem 14. Jh. präsentiert sich Klosterneuburg in seiner Anlage so, wie es das heute noch tut. Nur die Donau ist nicht mehr dort, wo sie einst war. Anfang des 19. Jh.s wurde die Fahrrinne des Stroms gegen Korneuburg verlegt. Auf der Klosterneuburger-Seite grub man den sogenannten „Durchstich". Neben reichen Kunstschätzen hat in Klosterneuburg der Wein eine besondere Bedeutung. Schon unter Kaiser Probus – 3. Jh. – wurden die ersten Weinreben angepflanzt. Spätestens mit dem Aufblühen des Stifts wurde der Rebensaft

zu einem der bedeutendsten Wirtschaftsfaktoren. Im 18. Jh. ließ Kaiser Karl VI. einen der imposantesten Weinkeller unter seiner Klosterresidenz errichten, in dessen vierstöckigen Gewölben auch heute noch die edlen Weine des Stiftweinguts lagern. 1860 gründeten die Augustiner-Chorherren die Weinbauschule Klosterneuburg – die erste landwirtschaftliche Fachschule Österreichs. Bereits ihr erster Direktor, Freiherr von Babo, verhalf der Institution durch die Erfindung der auch heute noch gebräuchlichen Klosterneuburger Mostwaage zur Bestimmung des Zuckergehaltes zu weltweiter Anerkennung. Bis heute hat die Weinbauschule entscheidenden Anteil an der Entwicklung des Weinbaus in Österreich. Sehenswert: u. a. Stadtplatz, Dreifaltigkeitssäule, Martinschloß, archäologisches Museum in der Kirche St. Martin, Stiftsspital, Kirche St. Gertrud, Kremsmünsterhof, Stadtrichterhaus, Stadtmuseum, Sammlung Essl im Schömerhaus, Mährisch-Schlesisches-Heimatmuseum, Feuerwehrmuseum, Berchtesgadener Hof (Weidling), Weidlinger Friedhof , Wagenburg (Kierling), Maria Gugging, Pfarrkirche St. Margareta (Höflein); Ausflugsziele: Leopoldsberg, Bisamberg, Kahlenberg, Windischhütte, Donauradweg; *Information:* Tourismusverein Klosterneuburg, Tel. 02243/32 038

Kottingbrunn
Südlich von Bad Vöslau gelegen, ist die ursprünglich keltische Siedlung heute vor allem wegen der dort befindlichen Pferderennbahn bekannt. Sie bescherte der Stadt Ende des 19. Jh.s einen immensen wirtschaftlichen Aufschwung. Sehenswert ist u. a. das Wasserschloß aus dem 12. Jh., das im 18. Jh. sein heutiges Aussehen erhielt und dann im 19. Jh. im Besitz des Peter Ritter von Boor war, dem Gründer der „Österreichischen Spar-Cassa" und der „Donaudampfschiffahrtsgesellschaft". Sehenswert: Pestsäule, Schutzmantelkapelle, Pfarrkirche, Schloßpark; *Information:* Marktgemeinde Kottingbrunn, Tel. 02252/761 04 81

Laab im Walde
Daß die Gegend schon zur Römerzeit besiedelt war, beweisen Reste einer alten Wasserleitung. Heute führt die 2. Wiener Hochquellenleitung hier vorbei. Einige Zeit war Laab – etymologisch vom mittelhochdeutschen „loupe", also Laub, von dem es in herbstlichen Wäldern bekanntlich viel gibt – ein beliebter Heil- und Kurort. Im 19. Jh existierten hier zwei Kaltwasserkuranstalten, von denen eine aufgelassen und die andere 1879 von den Barmherzigen Schwestern angekauft wurde. Diese sind heute noch hier ansässig und betreiben die ehemalige Lungenheilanstalt als Rehabilitationszentrum. *Information:* Gemeindeamt Laab im Walde, Tel. 02239/22 06

Laxenburg
Bereits 1136 urkundlich erwähnt, wurde Laxenburg – der Name geht auf eine Herrschaft Lachsenburg zurück – 1333 Sitz der Habsburger. 1388 erhielt der Ort

In Klosterneuburg wollte Karl VI. einen „Escorial des Nordens" erbauen.

durch Herzog Albrecht III. das Marktrecht. Dieser baute auch die schon bestehende Wasserburg zum Jagdschloß um, in dem sich heute etwa das Österreichische Filmarchiv befindet. Bis in die Mitte des 18. Jh.s war es Frühjahrsresidenz der Kaiser. Karl VI. und vor allem seine Tochter Maria Theresia ließen den kaiserlichen Ort in der Ebene in die heute sichtbare Gestalt bringen. Letztere beauftragte ihren Hofarchitekten Nikolaus Pacassi, dort ein repräsentatives Schloß zu errichten – zwischen 1753 und 1770 wurde auch der Ort selbst in die Planungen einbezogen –, das heute u. a. das renommierte Internationale Institut für angewandte Systemanalyse beherbergt. Hauptanziehungspunkt ist jedoch der 250 ha große Schloßpark mit 10 km befestigten Spazierwegen. Josef II. ließ Mitte des 18. Jh.s aus dem ehemaligen Jagdgebiet einen Garten nach englischem Vorbild gestalten. Den letzten Schliff erhielt die Anlage durch Kaiser Franz I., der hier – neben einer Baumschule und Gärtnerei – die nach ihm benannte Franzensburg schaffen ließ. Sie steht auf einer Insel im großen Schloßteich, auf dem man auch rudern kann. Als Baumaterial verwendete man alte Schlösser und von Josef II. aufgelassene Klöster. So wurde etwas die Klosterneuburger Capella Speciosa (1222) fast zur Gänze hierher übersiedelt. Die Renaissance-Kassettendecke des Lothringersaals stammt von Schloß Greillenstein, die des Thronsaals aus Stift Zwettl und die des ungarischen Krönungssaals aus Eger. Zum architektonischen Konzept der Franzensburg gehörte auch die Rittergruft, die Rittersäule, die Hohe Brücke und der Turnierplatz sowie das Haus der Laune, ein um 1810 entstandenes Salettl. *Information:* Gemeindeamt Laxenburg, Tel. 02236/71 101

Leobersdorf
Die Geschichte des Ortes ist eng mit der Industrialisierung des Triestingtals verbunden. 1841 wird Leobersdorf eine Station der Südbahn, 1877 sogar Bahnknotenpunkt. Verkehrspolitische Bedeutung hatte aber die Gemeinde zwischen Steinfeld und Triestingtal schon immer. Zahlreiche Gräberfunde aus der Urnenfelderkultur beweisen, daß der im 12. Jh. Lietsendorf oder Liubatsdorf genannte Ort schon in urgeschichtlichen Zeiten den Verkehrsweg nach Nordwesten kontrollierte. Sehenswert: Pfarrkirche St. Martin, „Heilsamer Brunnen"; *Information:* Gemeindeamt Leobersdorf, Tel. 02256/62 396

Lichtenwörth
In diesem ca. 5 km von Wiener Neustadt entfernten Ort findet sich ein industriegeschichtliches Bauensemble von außergewöhnlichem Rang: „Nadelburg" hieß jene Metallwaren- und Messingnadelfabrik, die in Lichtenwörth an der Stelle der alten Burg – die bereits im 15. Jh. zerstört worden war – 1753 gegründet wurde. Dazu ließ Maria Theresia eine Mustersiedlung aus ungefähr 30 Häusern für die Arbeiter (samt ihren Familien) der Fabrik errichten. Rund die Hälfte dieser Häuser sowie die von Nikolaus Pacassi – er gab auch Schönbrunn seine heutige Gestalt – erbaute zweitürmige Barockkirche stehen heute noch – und sind sehenswert! *Information:* Gemeindeamt Lichtenwörth, Tel. 02622/75 227

Mannersdorf am Leithagebirge
Die „jüngste Stadt Niederösterreichs" war Gut und beliebter Aufenthaltsort Maria Theresias. Davon zeugen z. B. der barocke Maria-Theresien-Saal im Schloß mit seinen herrlichen Deckengemälden, die Donatikapelle oder der Maria-Theresien-Obelisk, der zum Gedenken an die Mithilfe der Regentin bei der Weinlese des Jahres 1743 aufgestellt worden war. Das Schloß aus dem 16. Jh. mit seiner prächtigen Fassade ist wahrscheinlich von J. E. Fischer von Erlach umgestaltet worden. Sehenswert: Pfarrkirche St. Martin, Altes Rathaus, Stadtmuseum; Ausflugsziele: Ruine Scharfeneck, Kaisereiche, Naturpark „Mannersdorfer Wüste"; *Information:* Gemeindeamt Mannersdorf, Tel. 02168/22 520

Maria Enzersdorf am Gebirge
Ursprünglich „Engelschalkesdorf" genannt, machte man hier für gewöhnlich die erste Rast auf dem Weg nach Mariazell. Und als ein gewisser Franz von Ghelen aus Wien eine Madonna stiftete, die der in der „Grünen Mark" glich, avancierte der Ort selbst zum Ziel vieler Gotteswanderer. In Maria Enzersdorf lebte aber auch tatsächlich ein Heiliger: Klemens Maria Hofbauer, der Apostel Wiens. Er wurde 1909 heiliggesprochen und versammelte hier Anfang des 19. Jh.s eine Schar Jünger um sich, die den sogenannten Romantikerkreis, eine katholische Reformbewegung, bildeten. *Information:* Gemeindeamt Maria Enzersdorf a. Gebirge, Tel. 02236/44 501

Maria-Lanzendorf
Der Name des Ortes geht auf eine Begebenheit Ende des 12. Jh.s zurück: Leopold der Glorreiche opferte 1191 nach seiner Rückkehr von einem Kreuzzug der „schmerzhaften Mutter Gottes auf der Heid" sein blutiges Gewand, Schwert – und seine „Lantzen". 1418 wird Maria Lanzendorf erstmals als Wallfahrtsort erwähnt. Die zweimal von den Türken verwüstete Kirche gelangt 1696 in den Besitz der Franziskaner, die 1699 den Grundstein für ein Kloster legen. Zu dieser Zeit wird von Felix F. Nürning der erste Kalvarienberg – katholische Andachtsstätte mit den 14 Kreuzwegstationen – in Österreich errichtet. 1703 waren Kirche und Kloster vollendet, 1728 wird die Kirche um den großen Kuppelbau erweitert und von Johann M. Rottmayr ausgemalt. Seither avancierte der Ort zu einem der bekanntesten österreichischen Wallfahrtsorte. *Information:* Gemeinde Maria Lanzendorf, Tel. 02235/22 04

Markt Piesting
Der Markt – Marktrecht seit 1365 – wird bereits 1308 als Sitz von Waffenschmieden genannt, in denen Schwertklingen besonderer Art hergestellt wurden. Um 1800 begann man im Zuge der Bepflanzung des Steinfelds mit Schwarzföhren mit der Harzgewinnung; die ersten Pechsiedereien entstanden. Der Ausbau der Straße, die Eröffnung des Stellwagenverkehrs zwischen Felixdorf und → Gutenstein und die Errichtung der Eisenbahnlinie → Leobersdorf–Gutenstein 1877 brachten weiteren wirtschaftlichen Aufschwung. Piesting ist auch der Geburtsort des Kirchen- und Historienmalers Leopold Kupelwieser, der zusammen mit Ferdinand Raimund und Friedrich Gauermann die Biedermeierzeit zur kulturhistorisch bedeutsamsten Epoche des → Piestingtals machten. Seine Hauptwerke sind die Freskenmalereien im Marmorsaal und im Großen Sitzungssaal des Niederösterreichischen Landhauses in Wien, das Hochaltarbild in → Klosterneuburg, der Dominikanerkirche in Wien und der Pfarrkirche in Retz. Zum Hochaltarbild der Pfarrkirche Markt Piesting lieferte er die Entwürfe, die seine Schüler, die Gebrüder Till, ausführten. Ausflugsziele: Burg Starhemberg, Naturpark → Hohe Wand, Biedermeier-Radweg; *Information:* Gemeindeamt Markt Piesting, Tel. 02633/42 241

In Maria Enzersdorf legten die Pilger nach Mariazell erstmals eine Rast ein.

Mauerbach
Hier befindet sich wohl die mächtigste Kartause Österreichs. Die Kartäuser – der Orden wurde im 11. Jh. von Bruno von Köln gegründet – gelten als die größten Schweiger vor dem Herrn, nur „Notwendiges und Nützliches" darf von sich gegeben werden. 1313 wurden von der Kartause Seitz in der Steiermark aus, auf Geheiß Friedrichs des Schönen, Mönche in Mauerbach angesiedelt. 1316 verfaßte besagter Regent – er wurde 1330 in der Krypta der Kirche beigesetzt – einen Stiftungsbrief, in dem er den Ordensbrüdern reichen Grundbesitz vermachte. Im 14. und 15. Jh. bestand rege Zusammenarbeit mit der neugegründeten Universität in Wien. Ende des 18. Jh.s wurde das Kloster von Josef II. aufgehoben. Ab 1784 diente es als Altersheim, während des Zweiten Weltkriegs als Lazarett und in der Nachkriegszeit als Verwaltungssitz der Sowjets. Seit 1978 ist es Sitz des „Dokumentationsarchivs für historisches Handwerk in der Denkmalpflege des Bundesdenkmalamtes". Im Sommer finden hier alljährlich die Konzerte der „Cartusiana" statt. Ausflugsziele: Purkersdorfer Forst, Gablitzer Steig; *Information:* Gemeindeamt Mauerbach, Tel. 01/979 16 77-0

Mitterndorf
Der Bekanntheitsgrad des Ortes rührt von gleichnamiger Senke. Daß Österreichs größter Grundwassersee – eben die Mitterndorfer Senke – aber so gefährdet ist, liegt an den Industrien weiter südlich. Denn der Grundwasserstrom bewegt sich in nördlicher Richtung. *Information:* Gemeindeamt Mitterndorf, Tel. 02234/78 413

Mödling
„Meilihha" – wie der Ort in germanischer Zeit hieß – war schon in der Jungsteinzeit bewohnt. Dann kamen die Slawen, die Magyaren und schließlich die Babenberger, von denen sich Heinrich II. Jasomirgott hier niederließ und den Minnesänger Walther von der Vogelweide förderte. Dieser wußte es ihm auch in seinen Liedern über den „Musenhof" gebührend zu danken. Im 13. Jh. hielten die Habsburger hier Einzug. 1344 wird erstmals ein „Markt ze Medlich" erwähnt. Ab dem frühen 19. Jh. avancierte Mödling zur Sommerfrische und zum Ausgangspunkt für wildromantische Entdeckungsfahrten in die „unterösterreichische Schweiz", die Briehl: Ludwig van Beethoven, Franz Grillparzer,

Anton Wildgans und Arnold Schönberg waren Gäste in Mödling. Zentrale historische Figur ist jedoch Josef Schöffel: Als Bürgermeister der Stadt (1873–1882) verhinderte er mit seinen Artikeln im *Wiener Tagblatt* 1870–1872 die Abholzung des Wienerwalds. Aufgrund seiner Initiative entstand die sogenannte Schöffel-Vorstadt sowie eine Waisenanstalt, die J. Hyrtl gründete. Sehenswert: u. a. Herzogshof, Schrannenplatz, Rathaus, Karner, Stadtmuseum, Beethoven-Gedenkstätte, Thonet-Schlößl, Topplerhof, Mödlinger Bühne (das einzige Jugendstiltheater Niederösterreichs.); *Information:* Fremdenverkehrsverein Mödling, Tel. 02236/431 700

Neuburger
→ Weinbau

Neunkirchen
Das offizielle „Geburtsdatum" Neunkirchens ist der 17. Dezember 1094. Das kann aus der Abschrift einer Urkunde des Klosters Formbach geschlossen werden, mit der Graf Ekbert I. Markt und Pfarre dem Kloster als Stiftungsgut vermacht. Damit gehört Neunkirchen zu den ältesten Märkten des Ostalpenraumes. Im 12. Jh. war es als Münzstandort sogar einer der wichtigsten, was mit dem Aufstieg → Wiener Neustadts jäh beendet wurde. Sehenswert ist das Städtchen aber allemal. Die Häuser am Hauptplatz mit den Sgraffitoverzierungen und den kleinen Erkern stammen aus der Barock- und Renaissancezeit. Außerdem: frühgotische Pfarrkirche, Heimatmuseum mit alten Münzen; *Information:* Stadtgemeinde Neunkirchen, Tel. 02635/62 531

Noricum
Der Name der ehemaligen römischen Provinz leitet sich von dem um 200 v. Chr. gebildeten keltischen Regnum Noricum ab, dem ersten nachweisbaren staatlichen Gebilde auf dem Gebiet des heutigen Österreich. Es wurde weitgehend friedlich um 15 v. Chr. von den Römern besetzt. Die römische Provinz wurde erst unter Kaiser Claudius (41–54) eingerichtet und umfaßte den Bereich zwischen Donau, Wienerwald, steiermärkischer Ostgrenze, Save, Eisack und Inn. Unter Kaiser Diocletian wurde Noricum in ein Ufernoricum und ein Binnennoricum geteilt. Ende des 5. Jh.s zogen die Römer aus dem Gebiet ab.

Oberwaltersdorf
1108 wurde der Ort als „Waltrichsdorf" das erste Mal urkundlich erwähnt. 1427 wurde ihm das Marktrecht verliehen, 1437 erhielt er von Herzog Albrecht V. das Privileg, jährlich zu Jacobi einen Markt abhalten zu dürfen. Hier lebten die Malerin Broncia Koller, deren Gut Oberwaltersdorf Josef Hoffmann zu einem Atelier umbaute und für das Kolo Moser das Interieur entwarf. *Information:* Gemeindeamt Oberwaltersdorf, Tel. 02253/62 920

Pannonien
Der Name der einstigen römischen Provinz – die 12–9 v. Chr. erobert wurde, ein-

Die Mödlinger Heiligensäule ist ein Meisterwerk barocker Bildhauerkunst.

gerichtet aber erst nach dem pannonischen Aufstand im 9. Jh. – wurde von dem dort ansässigen Volk abgeleitet. Die Provinz umfaßte den Bereich zwischen Ostalpen, Donau und Save. Vom heutigen österreichischen Staatsgebiet waren das das Gebiet Niederösterreichs östlich des Wienerwalds, ein kleiner Teil der Oststeiermark und das Burgenland. Um 105 wurde die Provinz in Ober-Pannonien – mit → Carnuntum als Hauptstadt – und Unter-Pannonien mit dem Verwaltungssitz Aquincum (Budapest) geteilt. 193 wurde in Carnuntum Septimius Severus zum Kaiser ausgerufen. Die Blütezeit erlebte Ober-Pannonien in der ersten Hälfte des 3. Jh.s; 433 zogen die Römer von hier ab.

Payerbach
Der Ort am Ausgang des Payerbachgrabens am Fuße von Rax, Schneeberg und → Semmering war und ist ein beliebter Land- und Sommersitz der „besseren Gesellschaft". Das Hotel Alpenhof auf dem Kreuzberg wurde von Adolf Loos ursprünglich als Gästehaus für einen reichen Fabrikanten erbaut. Die Pfarrkirche aus dem 12. Jh. wurde vom 14. bis zum 16. Jh. zur spätgotischen Wehrkirche umgebaut. Die Entwürfe zur Gruftkapelle stammen vom Ringstraßenarchitekten Heinrich von Ferstel. Ausflugsziele: u. a. Fischerpromenade nach Reichenau, Hochschneeberg, Ufer-Promenade nach Schlögenmühl; *Information:* Fremdenverkehrsbüro Payerbach, Tel. 02666/26 44

Perchtoldsdorf
Aus zwei Gründen ist der Ort an der Wiener Stadtgrenze bekannt: Erstens ist er eine der beliebtesten Sommerfrischen – eine Badestube kann bereits 1332 nachgewiesen werden – südwestlich von Wien. Zweitens wohnte und komponierte hier der Musiker Hugo Wolf, dessen Wohnhaus heute ein Museum mit komplett eingerichtetem Arbeitszimmer ist. Und nach wie vor kann auf eine ansehnliche Heurigenkultur verwiesen werden. Alljährlich finden in Perchtoldsdorf das feierliche Weinlesefest mit Hütereinzug und die Sommerspiele Perchtoldsdorf statt. Sehenswert: gotische Pfarrkirche, Herzogsburg, Pestsäule von J. B. Fischer von Erlach; *Information:* Gemeindeamt Perchtoldsdorf, Tel. 01/86 68 334

Pernitz
Im oberen → Piestingtal, direkt an der Einmündung des Myrabachs und unweit der romantischen Myrafälle liegt Pernitz, ein kleiner Markt mit rund 2500 Einwohnern. Berühmt ist Pernitz vor allem, weil Ferdinand Raimund hier seine Villa besessen hatte (→ Piestingtal). Sehenswert: Pfarrkirche mit gotischem Chor; Ausflugsziele: u. a. → Piestingtal, Raimund-Gedenkstätte in Gutenstein. *Information:* Tourismusverband Wr. Neustadt–Hohe Wand– Piestingtal, Tel. 02622/29 551

Petronell-Carnuntum
Die Römerstadt Carnuntum war mit ca. 50000 Einwohnern die ehemalige Hauptstadt Ober- → Pannoniens. Der kurz nach Christi Geburt gegründete Ort war trotz mehrmaliger Zerstörung und nach mehrfachem Umbau bis ca. 400 Garnison der XIV. und XV. Legion. Zahlreiche römische Baudenkmäler wie das Heidentor und das

Amphitheater sind Sehenswürdigkeiten des Archäologischen Parks Carnuntum mit seinem Freilicht- und Grabungsmuseum. Sehenswert: Pfarrkirche (urk. 1125), romanische Rundkapelle, Schloß, Dreifaltigkeitssäule, Carnuntiner Römerfest; Ausflugsziel: Via Carnuntina, Nationalpark Donauauen, Hundsheimer Berge; *Information:* Archäologischer Park Carnuntum, Tel. 02163/33 770

Pfaffstätten
Die ehemalige „Stätte der Pfaffen" kann mit einer ganz besonderen Veranstaltung aufwarten: Hier findet alljährlich das größte Weinfest Österreichs statt. Darüber hinaus besuchenswert sind der Lilienfelderhof, der Heiligenkreuzerhof, die im Kern spätgotische Pfarrkirche sowie das Heimatmuseum. Ausflugsziele: Einödhöhlen (Fledermaus- und Elfenhöhle), Pfaffstättner Kogel mit Klesheimwarte; *Information:* Gemeindeamt Pfaffstätten, Tel. 02252/88 985

Pielachtal
Handarbeit und Kunsthandwerk haben im Tal der Pielach eine lange Tradition: Hier arbeiten noch Faßbinder, Holzschnitzer, „Simperlmacher" – Brotkorbmacher –, Korbflechter sowie Töpfer. Und sogar die von 1896–1906 zwischen Ober-Grafendorf und Kirchberg verkehrende, Schmalspur-Romantik versprühende Mariazellerbahn ist sozusagen „handmade" – sie wurde vorwiegend durch Handarbeit trassiert. Zwischen Rabenstein und Kirchberg kommt man bei der Andreaskirche vorbei, die zwar sensationelle Akustik (Kirchenkonzerte), aber keinen Turm hat. Und am Rande von Frankenfels liegt die Nixhöhle mit einzigartigen Tropfsteingebilden. Sehenswert: Burgruine Rabenstein, Schloß Kirchberg, Bergbauernmuseum Frankenfels, Dorfmuseum Weinburg; Ausflugsziele: Großer Pielachtaler Rundwanderweg, Bahnwanderweg Mariazellerbahn, Saurierpark Traismauer; *Information:* Tourismusverband Pielachtal, Tel. 02722/73 09

Piestingtal
Das Tal zwischen → Markt Piesting und → Gutenstein war vor allem in der Biedermeierzeit – weshalb es auch oft als „Biedermeiertal" bezeichnet wird – Anziehungspunkt für zahlreiche Künstler. Ausgehend von Nikolaus Kupelwieser (der seine große Malerlaufbahn von seinem Geburtshaus im Minnatal in Markt Piesting aus begann) und dem Landschafts- und Tiermaler Friedrich Gauermann (der von seinem Vater Jakob – Kammermaler Erzherzog Johanns – auf dem Hof „am Bühel" in Scheuchenstein seine ersten künstlerischen Unterweisungen erhielt) statteten einige namhafte Kunstschaffende der damaligen Zeit dem Landstrich mehr oder weniger lange Besuche ab. Kupelwieser war ein enger Freund Franz Schuberts und über Friedrich Gauermann zog es Johannes Brahms hierher. Der Dichter Nikolaus Lenau verewigte den Friedhof von Wopfing mit seiner „ernsten Schar bekreuzigter Hügel im Mondschein" in seinem Gedicht *Vergänglichkeit,*

Im Loos-Haus von Payerbach gibt es auch gute Wirtshausküche.

als er einmal von → Berndorf über → Hernstein auf die Burg Starhemberg wanderte. Und Ferdinand Raimund liebte das Tal und in insbesondere → Gutenstein, den Geburtsort seines Großvaters. Ein wahrhaftes Schmankerl für alle kulturbegeisterten Radler ist deshalb der Biedermeier-Erlebnis-Radweg, der größtenteils parallel dem schattigen Flußlauf der Piesting folgt und an mannigfaltigen Sehenswürdigkeiten vorbeiführt: Kupelwieser-Geburtshaus in Markt Piesting, Gauermann-Museum in Scheuchenstein, Brahms-Haus in → Waldegg, Raimundvilla in Pernitz, Frank-Bauten in → Waidmannsfeld, Myrafälle in Muggendorf, Kneippwanderweg in Rohr im Gebirge, Raimund-Gedenkstätte in Gutenstein. Bis auf die Mountainbike-Strecke ist der gesamte Weg asphaltiert. Die Orientierungspavillons und die Holzbrücken über die Piesting sind dem Biedermeierstil nachempfunden. Daß das Piestingtal aber nicht nur dem Pläsier und dem Amüsement diente, beweisen die vielen ehemaligen Industriebetriebe, die hier angesiedelt waren: Mitte des 18. Jh.s gab es allein im Herrschaftsgebiet Gutenstein immerhin acht Hammer- und Hackenschmieden. Mit dem Bau der „Commercialstraße" um 1820 wurde das innere Piestingtal mit dem → Wiener Becken verbunden. Fabriken wie jene in → Waldegg und Oed entstanden. 1877 wurde die Bahnlinie von → Leobersdorf nach Gutenstein in Betrieb genommen, wodurch die Standortqualität der vorwiegend holz- und eisenverarbeitenden Betriebe zusätzlich erhöht wurde. *Information:* Tourismusverband Wr. Neustadt–Hohe Wand–Piestingtal, Tel. 02622/29 551

Pitten
Am Eingang des Pittentals liegt der alte Markt Pitten, der 869 gemeinsam mit → Baden erstmals urkundlich erwähnt wird. Im Mittelalter war die Gemeinde vor allem Grenzfeste und Hauptort der Waldmark. Vom Wahrzeichen Pittens, der 1731 barockisierten Pfarrkirche auf dem Schloßberg, kann man bis zur → Hohen Wand, zu Rax, Schneeberg und → Semmering blicken. Sehenswert ist auch die alte Felsenkirche, in der Fresken aus dem 11. Jh. sichtbar sind. *Information:* Gemeindeamt Pitten, Tel. 02627/822 120

Pottendorf
Er ist zwar ein uralter Herrschaftssitz, geprägt wurde der Ort aber in den letzten 200 Jahren, in denen hier die Pottendorfer Textilwerke AG produzierte. Die Fabriksanlage wurde als „Joint-venture" derer von Esterházy, Colloredo-Mansfeld und Schwarzenberg in den Jahren 1802–1804 errichtet – als „Nebenprodukt" baute man die sogenannte „Pottendorfer Linie", eine Nebenstrecke der Südbahn. 1808 wurde erweitert, eine Arbeitersiedlung entstand. 1835 stand in Pottendorf die größte Baumwollspinnerei der Monarchie, die durch die „Textilkrise" Mitte der Siebziger ihr jähes Ende fand. Sehenswert: Wasserschloß, spätgotische Schloßkapelle, barocke Pfarrkirche; *Information:* Gemeindeamt Pottendorf, Tel. 02623/72 278

Pottenstein
Der Luftkurort gilt als das ehemalige frühe Industriezentrum des Triestingtals. An der alten Gutensteinerstraße von

→ Baden/Vöslau durch den Grabenweg in das → Piestingtal gelegen, betrieb hier anfang des 19. Jh.s der Unternehmer Melchior Steiner eine Klingenfabrik mit Schleif- und Poliermühlen sowie ein Kupferhammerwerk. 1825 wurde die Klingenfabrik durch ein Kupferwalzwerk ersetzt. Als dann 1840 die Produktion eingestellt wurde, erwarb der sächsische Großhändler Christoph Heinrich Coith die Gebäude und errichtete hier die Pottensteiner Tuchfabrik, in der heute allenfalls Industriegeschichte produziert wird. Architektonisch beeindruckt das Ortszentrum mit einigen restaurierten Biedermeier- und Jugendstilhäusern. Sehenswert: Triestingtalmuseum mit Raimund-Gedenkstätte, spätgotische Wallfahrtskirche „Maria Trost im Elend", altes Mauthaus (16. Jh.), Kapelle „Zur hl. Katharina", Antoniusbründl, Doppelkarner (13. Jh.); Ausflugsziele: → Berndorf, Ruinen Merkenstein und Arnstein, Kleinmariazell, Stift → Heiligenkreuz, kleine Barockstraße; *Information:* Gemeindeamt Pottenstein, Tel. 02672/24 24

Prellenkirchen
Die Hauptweingemeinde – 1181 erstmals urkundlich erwähnt – des Gebiets um den Spitzerberg (hier gedeihen vorzügliche Blaufränkische) mit ihren Katastralgemeinden Deutsch-Haslau und Schönabrunn hat einige Kellergassen und -gewölbe sowie ein Weinbaumuseum aufzuweisen (→ Weinbau). *Information:* Gemeindeamt Prellenkirchen, Tel. 02145/22 02

Pressbaum
Ein mächtiges Hügelgrab aus dem ersten oder zweiten Jh. beweist, daß in dieser Gegend schon recht früh römische Niederlassungen bestanden. Heute wird bei Pressbaum die Wien gestaut. Der fast 14 m hohe Damm soll einerseits als Hochwasserschutz andererseits zur Trinkwasserversorgung dienen. Zumindest letzterem dient der „Wienerwaldsee" – Baden verboten! – auch heute noch. Hier, so sagt man, wurde das moderne Flugzeug erfunden. Fakt ist, daß hier am 3. Oktober 1901 der Flugzeugpionier Wilhelm Kreß aus → Tullnerbach seinen 380 kg schweren und 30 PS starken Flugapparat ausprobierte und damit eine Bruchlandung machte – genauer gesagt, den „Take off" gar nicht schaffte. Zwei Jahr später gelang den Gebrüdern Wright der erste erfolgreiche Motorflug. Schade! Hätte der Kreßsche Versuch geklappt, Pressbaum wäre um eine Attraktion reicher. Dennoch setzte man dem Erfinder am Ufer des Sees ein Denkmal. Ausflugsziel: Kaiserbrunnberg, Kaiser-Bründl, Mitterriegel, Roßgipfel, Hengstl (619 m); *Information:* Gemeindeamt Pressbaum, Tel. 02233/522 320

Puchberg am Schneeberg
Das Schneeberggebiet ist eine der schönsten Regionen der Voralpen. Der höchste Berg Niederösterreichs, der 2076 m hohe Schneeberg, beherrscht die Landschaft. Fast am Gipfel, auf 1 800 m, befindet sich die höchst gelegene Bahnstation Österreichs. Dorthin führt die 1897 in Betrieb genommene Schmalspur-Zahnradbahn,

Das Biedermeierhaus in Piesting stammt aus Josef Kornhäusels Werkstatt.

eine der ältesten in Europa. Zu seinen Füßen liegt der heilklimatische Kurort Puchberg. Hier findet alljährlich ein Mountainbike-Marathon statt. Auf einer Strecke von rund 70 km sind fünf Berge und insgesamt 3000 Höhenmeter zu überwinden. Sehenswert: Schneebergmuseum; *Information:* Fremdenverkehrsverein Puchberg, Tel. 02636/22 01

Purkersdorf
„Das grüne Tor zu Wien", wie sich das Städtchen an der westlichen Grenze der Metropole nennt, ist wohl aus einem von der Fachwelt bezeichneten „Gassengruppendorf" um 1000 Entstanden. Einer Notiz zufolge hieß der Ort einst „Purchartsdorf". Ein Tor war Purkersdorf schon recht früh. Je nach Betrachtungsweise galt es als erste oder letzte Station an der alten Weststrecke. Davon zeugt auch heute noch die ehemalige Poststation, die Oberst Karl Joseph Weber von Fürnberg 1796 nach griechischen Vorbildern – Säulenportal, allegorische Reliefs – errichten ließ. Aber vom Reisen lebte Purkersdorf irgendwie schon immer. Bereits 1558 existierte ein Schranken, der erst hochging, wenn Straßenbenützer die „Waldmaut" beglichen hatten. Auch der Wald hat natürlich die Geschichte des Ortes geprägt. Besonders nach den verheerenden Türkenkriegen benötigte man Bauholz für Wien. Arbeiter aus der Steiermark, Oberösterreich, Bayern und Schwaben ließen sich hier nieder. Aus dieser Zeit stammt die sogenannte Duckhütte im Dambachtal, wo sich's übrigens ausgezeichnet wandern läßt. Ganz in der Nähe der Schnellbahn-Haltestelle steht das berühmte Sanatorium des Industriellen Victor Zuckerkandl, das Josef Hoffmann, Begründer der Wiener Werkstätte, und Kolo Moser Anfang des 20. Jh.s entwarfen und einrichteten. Beide designten auch jeweils einen Sessel mit dem Namen „Purkersdorf". Das Gebäude wurde außen inzwischen renoviert. Für das Innere wartet man – nach Nazis und russischer Besatzung – noch immer auf einen sorgsamen Nutzer. Sehenswert: Heimatmuseum im ehemaligen Wasserschloß, Pfarrkirche mit gotischen und barocken Elementen; Ausflugsziele: Naturpark Sandstein–Wienerwald, Speichberg (487 m), botanische Freilichtanlage, Wildgehege; *Information:* Fremdenverkehrsverein Purkersdorf, Tel. 02231/36 01

Reichenau an der Rax
Insbesondere seit der Biedermeierzeit gehört die Gemeinde auf dem Raxplateau zu den meistfrequentierten Sommerfrischen und heilklimatischen Kurorten. In den Kurhäusern Knappenhof und Thalhof werden Kneippkuren, Heilmassagen, Bäder und vor allem Sauerstoff- und Bewegungstherapien angeboten. Hier hat die 1. Wiener Hochquellenleitung ihren Ursprung, der man auf einem neu eingerichteten Wanderweg von Wien nach Kaiserbrunn oder umgekehrt folgen kann. Wer hoch hinaus will, kann mit der am 9. Juni 1926 als erste Personen-Seilschwebebahn eröffneten Raxseilbahn die Landschaft „erobern". Und die seit 1988 stattfindenden Reichenauer Sommerfestspiele sind inzwischen – ebenso wie der Reichenauer Musiksommer – eine nicht mehr wegzudenkende Institution. Vor 1870

wurden in Reichenau allerdings noch andere Töne angeschlagen. Dröhnende Hammerschläge und das Rauschen der großen Schwarzawasserwehr bestimmten die Geräuschkulisse. Denn hier hatte der Eisenbergbau und die Eisenverarbeitung jahrhundertelange Tradition. Ende des 17. Jh.s hatte das Stift Neuberg jenseits des Semmerings das Privileg erhalten, in Reichenau systematisch Eisenerz abzubauen. Später wurde die Konzession sogar um die Verhüttung erweitert. Für den Betrieb der Fabriken wurde das Holz des Naßwalds in Reichenauer Kohlenmeilern zu Holzkohle verarbeitet. 1866 wurden die Werke an die Ternitzer Stahl-Fabrik verkauft, die 1888 ein Gußstahlwerk nach Ternitz verlegte und die übrigen Hammerwerke demontierte. Ausführlich dokumentiert ist diese unbekanntere Seite des Kurortes im Heimat- und Bergbaumuseum. *Information:* Tourismusbüro Reichenau, Tel 02666/52 865

Reisenberg
Der Name dürfte sich auf den heutigen Goldberg – so genannt wegen seiner goldgelben Sandfarbe – und früheren Rißenberg beziehen. Dieser wurde bereits von den Kelten und später von den Römern besiedelt. Von dieser Erhebung kann man bis hin zum Leithagebirge blicken. Der amerikanische Regisseur André de la Varre besaß hier von 1976 bis zu seinem Tod 1987 den „Reisenbachhof". Sehenswert: u. a. Pfarrkirche zum hl. Pankratius, Hubertuskapelle, Weinbergkapelle, Via Dolorosa (Fertigstellung 2000); *Information:* Gemeindeamt Reisenberg, Tel. 02234/80 271

Rohrau
Der zwischen → Bruck an der Leitha und → Hainburg gelegene Geburtsort von Michael und Joseph Haydn – um 1240 erstmals als Markt bezeichnet – beherbergt auf Schloß Harrach die größte Privatgemäldesammlung Österreichs. Sie bietet einen Überblick von spanischen, neapolitanischen und französischen Malerschulen des 17. und 18. Jh.s; flämische, niederländische und französische Maler ergänzen den Bestand. *Information:* Gemeindeamt Rohrau, Tel. 02164/22 04

Rotgipfler
→ Weinbau

Sankt Corona am Wechsel
St. Corona liegt auf einer Höhe von 844 m und gilt deshalb als idealer Luftkurort. Doch nicht nur lufthungrige Sommerfrische-Gäste kommen hier auf ihre Rechnung, winters wird auch Skifahrern einiges geboten. Sehenswert: barocke Wallfahrtskirche mit Hochaltar; Ausflugsziele: u. a. Hermannshöhle; *Information:* Gemeindeamt St. Corona, Tel. 02641/2284

Scharndorf
Die Weinbaugemeinde am Rande des Arbesthaler Hügellandes wurde bereits zwei Mal „schönster Ort Niederösterreichs". Sehenswert ist die romanische Kirche in Wildungsmauer. *Information:* Gemeindeamt Scharndorf, Tel. 02163/23 03

Auf Seebenstein huldigt man heute der bildenden Kunst.

Schönau an der Triesting
„Während man in den Parks anderer Länder dem Phöbus Apollo Tempel baute, hat man hier der Nacht ein Heiligtum errichtet", schrieb um 1800 der Reiseschriftsteller August Schultes. Gemeint ist der „Tempel der Nacht", den Baron Peter von Braun im Schloßpark von Schönau erbauen ließ. Braun erwarb das „alte Wasser-g'schloß" 1796, investierte eine Menge Geld und machte es zu einem „Märchenschloß in einem Märchenpark". Buchstäblich Lustvolles spielte sich vorwiegend bei Dämmerlicht in besagtem Tempel und den zahlreichen Grotten des Gartens ab. Der nachtschwärmerische Adelige gründete aber auch Spinnfabriken in Schönau und Sollenau, betrieb im Schafflerhof eine große Schafzucht, eine Meierei und den Neurißhof. Nach dem Tod Brauns kaufte Jérôme Bonaparte, der jüngste Bruder Napoleons I., das Anwesen, ließ es gründlich renovieren und die „Spielereien" seines Vorgängers beseitigen. Das Schloß erlebte danach noch so manchen Besitzerwechsel. Von 1965–1974 befand sich hier ein Durchgangslager für jüdische Emigranten aus der UdSSR, das aufgrund einer – unblutig beendeten – Geiselnahme aufgelöst wurde. 1978–1992 beherbergte es das Gendarmerie-Einsatzkommando. Seit kurzem befindet sich hier das Kulturzentrum Schloß Schönau, das heuer erstmals einen Verdi-Zyklus sowie das „Indian Village Schönau" veranstaltet. *Information:* Gemeindeamt Schönau a d. Triesting, Tel. 02256/35 720

Schwadorf
Südöstlich von Wien, an der Fischa gelegen, befindet sich der Ort geologisch gesehen über dem sogenannten „Schwadorfer Dom", der Bruchlinie eines Erdbebenzentrums. Das letzte größere Beben suchte das ehemalige Schwabendorf „Swabedorf" am 8. Oktober 1927 heim. Anfang des 19. Jh.s wurde hier eine der ersten österreichischen Spinnereien gegründet. In punkto Maschineneinsatz, Arbeitsorganisation und Fabriksästhetik kann sie als Prototyp der „frühen Fabrik" gesehen werden. Das sogenannte „Kühtreiberhaus" – als Beispiel eines biedermeierlichen Arbeiter-Pawlatschenwohnhauses – und daran anschließend das „Steinmesserhaus" können noch heute besichtigt werden. Nach wie vor ist die Schwadorfer Spinnerei Arbeitgeber für viele Einheimische und ein überaus bedeutender Wirtschaftsfaktor. Alle zwei Jahre finden hier die „Schwadorfer Kulturtage" statt. Sehenswert: spätgotische Pfarrkirche mit barockem Langhaus, Schloß, Pestsäule; *Information:* Gemeindeamt Schwadorf, Tel. 02230/22 40

Schwarzenbach
Am Ostrand der → Buckligen Welt, am Fuß des Rosaliengebirges und landschaftlich geöffnet zum Pannonischen Tiefland liegt das niederösterreichische „Keltendorf". Die Wallanlage „Burg" im Gemeindegebiet von Schwarzenbach gilt als eine der bedeutendsten keltischen Grabungsfunde des Landes. Die Lage am Übergang zum Oberpullendorfer Becken, wo sich in der jüngsten Eisenzeit ein Zentrum des Eisengewinnung befand, läßt die Annahme zu, daß die Fundstätte der keltische Zentralort im Gebiet des Wechsels und

des Rosaliengebirges zur Zeit des Bestehens des Regnum → Noricum gewesen sein dürfte. Sehenswert: Schloßruine, Pfarrkirche, Pessenlehner Mühle, Bründlkapelle; Ausflugziele: u. a. Naturlehrpfad, Fischteich, Feldkreuzweg, Rosaliengebirge, Kobersdorf; *Information:* Gemeinde Schwarzenbach, Tel. 02645/52 01

Schwechat
Der Ort war ursprünglich ein Römerkastell und hieß „Ala Nova", das bereits in dem römischen Straßenverzeichnis *Itinerarium Antonini* und der *Notitia Dignitatum* genannt wird. Davon zeugen heute Münzfunde, die im Niederösterreichischen Landesmuseum besichtigt werden können. Einige erhaltene „Altertümer" wie die Pfarrkirche oder die Schlösser Rothmühle und Thurnmühle treten heute gegenüber der Erdölraffinerie der OMV – Verarbeitung von über 9 Mio t Rohöl jährlich – und der Schwechater Brauerei in den Hintergrund. *Information:* Gemeindeamt Schwechat, Tel. 01/707 61 77

Seebenstein
Der Sommerfrischeort im Pittental hat – außer der lieblichen Landschaft der Umgebung – vor allem die bedeutendste Burg des Pittentals zu bieten. Bereits 1170 urkundlich erwähnt, wurde das Schloß 1604 ausgebaut. Heute ist es nicht nur Sitz des romantischen Vereins „Wildensteiner Ritterschaft auf blauer Erde", sondern beherbergt zudem eine bemerkenswerte Gemäldesammlung. Sehenswert: Muttergottes-Statue von T. Riemenschneider, spätgotische Pfarrkirche; Ausflugsziele: → Pitten, Radtouren in der → Buckligen Welt (Wehrkirchenroute); *Information:* Tourismusregion NÖ-Süd Alpin, Tel. 02664/25 39

Seibersdorf
Die „Veste Seibersdorf" diente anno dazumal als Sicherung der Leithagrenze gegen die Magyaren. Während der Türkenkriege war Seibersdorf neben anderen Orten eine „Zuflucht-Stätt Under Wienerwaldt". 1956 wurde das Forschungszentrum Seibersdorf als österreichisches Reaktorzentrum gegründet: heute ist es das größte Zentrum für Auftragsforschung in Österreich. Seine Aufgabe ist u. a. die Erforschung von neuen Technologien für die Wirtschaft. *Information:* Gemeindeamt Seibersdorf (Gemeindeamt Deutsch Brodersdorf), Tel. 02256/62 31

Semmering
„Man sollte nie mit dem Auto über den Semmering fahren. Die Gebirgslandschaft wird durch die Eisenbahnstrecke erst sichtbar, sie gliedert sich daran entlang", meinte einst der Schriftsteller Heimito von Doderer. Um die Eindrücke des Schriftstellers zumindest einigermaßen nachvollziehen zu können, sollte man sich allerdings nicht allzuviel Zeit lassen, da der geplante Semmering-Basistunnel keine schönen Aussichten bietet. Nichtsdestotrotz kann man natürlich auch den alten Saumpfad über den Semmering benutzen, der anno dazumal Kaufleuten und Pilgern als Verbindung von Norden

Das Theater von Reichenau zieht Sommergäste aus aller Welt an.

nach Süden diente. Kaiser Karl VI. ließ später eine Fahrstraße bauen und Karl Ritter von Ghega erbaute zwischen 1848 und 1854 die erste Gebirgsbahn Europas, die Semmeringbahn. Sie überquert 16 teilweise mehrstöckige Viadukte, durchfährt 15 Tunnels und erreicht im Haupttunnel – mit einer Länge von fast 1,5 km galt er zu seiner Zeit als das großartigste Bauwerk dieser Art – auf 897 m den höchsten Punkt. Auf einer Strecke von 40 km werden 400 Höhenmeter überwunden. Daß die einzigartige Landschaft des Semmeringgebiets mit seinen Hauptorten Semmering – heilklimatischer Kurort –, Breitenstein – nach den Worten des Dichters Alfons Petzold „die wahrhaftestes Sonneninsel im Semmeringgebiet" – und Schottwien-Maria Schutz – weltberühmter Wallfahrtsort und alter Fuhrwerkermarkt; einst besorgten 200 Pferde den Vorspanndienst über den beschwerlichen Semmeringpaß – besuchenswert ist, dürfte hinlänglich bekannt sein. Sehenswert: u. a. Hotel Panhans (Semmering), Kircherl (Semmering), Pfarrkirche (Schottwien); Ausflugsziele: Bahnwanderweg, Hirschenkogel, Sonnwendstein, Schottwien-Maria Schutzer-Rundwanderwege; *Information:* Tourismusregion NÖ-Süd, Tel. 02664/25 391

Sommerrein
Der an den westlichen Hängen des Leithagebirges gelegene Markt bietet Erholungsuchenden die besten Gelegenheiten. Auf ausgedehnten Wanderungen durch die Brucker Ebene, auf den Wenzlberg, zum Kaiserbründl oder auf die Hollerhöhe (337 m) kann man vorbei an Weinbergen, Wiesen und Feldern die Landschaft genießen. Sehenswert: Pfarrkirche Maria Heimsuchung, Sebastian- und Pestsäule, Schloß; *Information:* Gemeindeamt Sommerrein, Tel. 02168/34 684

Sooß
Das Städtchen ist eine der bekanntesten Rotweingemeinden Niederösterreichs. Glaubt man einer Legende, so hat Kaiser Probus edle Sorten aus Italien bringen und Weingärten anlegen lassen. In der ersten urkundlichen Erwähnung des Ortes – um 1200 – ist dann auch prompt von der Schenkung eines Weingartens die Rede. Insbesondere seit dem 15. Jh. gewann hier der Weinbau immer mehr an Bedeutung. Und dies, obwohl die Weingärten von Sooß durch die Kriege gegen Matthias Corvinus 1477 und 1482 vollständig vernichtet worden waren. An die Reblaus-Katastrophe Ende des 19. Jh.s erinnert der Lausturm, ein Wahrzeichen der Gemeinde. Der Turm wurde 1892 erbaut und soll in seinen Grundfesten, in ein Weinfaß eingesperrt, die letzte Reblaus gefangenhalten. Vornehmlich kümmert man sich hier um die Kultivierung der Sorten Blauer Portugieser, Zweigelt und St. Laurent (→ Weinbau). *Information:* Gemeindeamt Sooß, Tel. 02252/23 880

Steinfeld
An die Neue Welt, den fruchtbaren Rand des → Wiener Beckens, schließt sich das Steinfeld an. Es reicht vom Nordrand der → Buckligen Welt bis zum Piestingfluß. Im Westen ist es von den Steilhängen der Thermenalpen und den Fischauer Bergen, im Osten von Leitha und Rosaliengebirge

begrenzt. Das Steinfeld entstand durch Schotterablagerungen, die sich durch das abfließende Wasser der Rax und der Schneeberggletscher zu Beginn des Jungtertiärs bildeten. Da die Schotterschicht größtenteils Wasser durchläßt, das sich in den Hohlräumen staut, ist das Steinfeld vor allem in seiner westlichen Randzone ein natürlicher Wasserspeicher. Ihr entlang führt die Thermenlinie, eine Warmzone, an deren Hängen Weinbau betrieben wird. Der östliche Teil, die „Trockene Ebene", ist das niederschlagsärmste Gebiet Österreichs. Hier wurden Ende des 18. Jh.s ausgedehnte Föhrenwälder für die Harzgewinnung angelegt.

Tattendorf
An den nördlichen Ausläufern des Steinfeldes gelegen, präsentiert sich der Ort als einer, der seinen Dorfcharakter trotz der Nähe zur Großstadt erhalten konnte. Als Abschluß oder Zwischenstation einer ausgedehnten (Rad-)Wanderung bietet sich der Thermenort für den geselligen Teil des Ausflugs geradezu an. Und tatsächlich entpuppt sich Tattendorf als formidabler Tip zum Genuß ausgezeichneter österreichischer Rotweine, die von den Einheimischen auch gerne als „Quelle ihrer Gesundheit" angeführt werden. Früherer Gönner und Förderer des Orts war kein Geringerer als der Politiker und Industrielle Nikolaus Dumba, der hier eine Baumwollspinnerei betrieb. Sehenswert: Pfarrkirche heilige Maria im Elend, Marienkapelle, Nepomukkapelle, Bahnhof (Aspangbahn); *Information:* Gemeindeamt Tattendorf, Tel. 02253/81 581

Teesdorf
Bedeutung erlangte die Gemeinde Anfang des 19. Jh.s: 1803 gründete hier der Wiener Großhändler Johann Baptist Freiherr von Puthon eine Spinnereifabrik. Da der Werksgründer durch die Übernahme der Grundherrschaft von Stift Melk auch Grundherr von Teesdorf war, konnte er den Ausbau der Anlage zügig vorantreiben. Die meist ungarischen und böhmischen Arbeiter und Arbeiterinnen waren so sehr den Launen und der Willkür des Grundherren ausgesetzt, daß es immer wieder zu Streiks kam. Schließlich wurde das Unternehmen vom Vater des Schriftstellers Hermann Broch übernommen, der nach eigenen Worten „schon vor der Geburt zum Spinner, Weber und Cottondrucker bestimmt" worden war – was dem Vater bekanntlich wenig nützte. Sehenswert: Broch-Museum; *Information:* Gemeindeamt Teesdorf, Tel. 02253/814 400

Ternitz
Erstmals erwähnt wird die heute in erster Linie als Industrie-Standort bekannte Gemeinde Mitte des 14. Jh.s in den Urbaren von Lorenzen und des Neuklosters Wiener Neustadt. Daß in der Gegend aber schon bedeutend früher gesiedelt wurde, beweisen Ausgrabungsarbeiten am Petersberg im Stadtteil Dunkelstein. Entscheidende Bedeutung erlangte Ternitz mit dem Ausbau der Südbahn Mitte des 19. Jh.s. Im Jahr 1846 errichtete hier der k.u.k. Stahlwarenfabrikant Franz Miller ein Hammerwerk, das 1850 in „Theresienhütte am Ternitz" umbenannt wurde. 1862 erwarb der Wiener Großhändler Alexander von Schoeller – zusammen mit Hermann Krupp Gründer der Metallwarenfabrik in → Berndorf – das Walzwerk. 1924 fusionierte er dann mit dem aus der Steiermark stammenden Johann Heinrich August Bleckmann, der 1862 in Mürzzuschlag die Phönix-Stahlwerke gegründet hatte. Die im Laufe der Zeit zum Konzern angewachsene Firma wurde 1946 verstaatlicht und 1995 privatisiert. Auf einem Teil des Geländes entsteht heute der „Phönix-EU-Wirtschaftspark Ternitz". Ausflugsziele: u. a. Naturpark und Erholungsgebiet Sierningtal, → Schneeberg, → Rax → Semmeringgebiet, → Neunkirchen, → Wiener Neustadt; *Information:* Stadtgemeinde Ternitz, Tel. 02630/38 240

Das verfallende Südbahnhotel am Semmering wird endlich renoviert.

Thallern
Den Grundstock für den Freihof legte Leopold III. im 11. Jh., als er dem Stift → Heiligenkreuz hier einige Weingärten schenkte. Leopold IV. fügte der Schenkung gleich das ganze Dorf Thallern hinzu, damit die Klosterbrüder „Wein für Gesunde und Kranke" hätten. Das Original des Lesehofes findet sich im burgundischen Closvougeau, einem Weingut des zisterziensischen Urklosters in Cîteaux. Bis heute hat sich am Bild Thallerns, das Georg Matthäus Vischer 1672 festhielt, eigentlich nichts verändert. Das Hauptgebäude mit den gotischen Grundmauern und der angebauten Kapelle wurde Ende des 17. Jh.s erbaut. Kostbarstes Kleinod ist sicher der von Giovanni Giuliani Anfang des 18. Jh.s geschaffene Altar mit dem „Christus im Weinstock". Im sogenannten Prälatenstöckl befindet sich heute das Büro des Weinguts. Gleich daneben findet man eine der größten Weinpressen Österreichs aus dem Jahre 1578. Neben den ausgezeichneten Weinen sollte man sich auf keinen Fall eines der leckeren Thallerner Backhendln entgehen lassen. Dafür werden ausschließlich junge „Hahnln" verwendet, die nur 750 g schwer sein dürfen. Diese werden geviertelt und in heißem Fett goldgelb herausgebacken (→ Essen & Trinken). *Information:* Fremdenverkehrsausschuß der Gemeinde Heiligenkreuz, Tel. 0 22 58/22 86

Theresienfeld
Gegründet wurde der Ort per Erlaß, und zwar mit der Hofresolution Maria Theresias vom 15. Jänner 1763, woran auch der Name erinnert. Es ist der einzige, der damals auf dem Gebiet der heutigen Republik Österreich als Kolonistendorf – gut die Hälfte der Siedler stammte aus Tirol – begründet wurde. Daß sich die Regentin für die Besiedelung der Wiener Neustädter Heide einsetzte, hängt einerseits sicher mit der allgemeinen Erschließung im gesamten Gebiet der Habsburgermonarchie im 18. Jh. zusammen. Andererseits könnte insbesondere auch die Errichtung der Militärakademie in → Wiener Neustadt ein Grund dafür gewesen sein. Siedlungsachse war die Triester Reichsstraße. Auf beiden Seiten wurden in Abständen von ca. 100 m Bauernhäuser erbaut, die dazugehörigen Äcker lagen gleich dahinter. Ein 5,3 km langer Kanal von der Piesting bei → Wöllersdorf führt bis heute das zur Kultivierung notwendige Wasser

heran. Der endgültige Ausbau erfolgte 1767–1769. 1797 verkaufte die k. k. Familiengüterdirektion die Grundherrschaft; 1850 wurde aufgrund des neuen Gemeindegesetzes eine selbständige Ortsgemeinde konstituiert; 1963 – zum 200jährigen Gründungsjubiläum – erhielt Theresienfeld dann das Marktrecht. Sehenswert: Pfarrkirche, Zungenbergsäule, Maria-Theresien-Statue; Ausflugsziele: u. a. → Baden, → Wiener Neustadt, Naturpark → Hohe Wand; *Information:* Gemeindeamt Theresienfeld, Tel. 02622/71 210

Thermenregion
→ Weinbau

Traiskirchen
„Es sei immer, was immer es auch sein möge", steht auf den Ortsschildern, die den Gast begrüßen. Dieser Sinnspruch geht – ortskundige Lateiner haben es gleich gewußt – auf die hier immer noch ansässige Reifenfabrik Semperit zurück. Das Werk wurde Ende des 19. Jh.s anstelle einer hier seit 1776 befindlichen Seidenflorfabrik errichtet. Ursprünglich erzeugte man Vollgummireifen für Fiaker und Landauer. 1906 gab man dem Unternehmen, das schon bald zum größten Gummiwarenerzeuger der Monarchie avancierte, seinen heutigen Namen. Traiskirchen ist aber nicht nur Heimat der Reifen, sondern auch köstlicher Neuburger und Rotgipfler (→ Weinbau) sowie – last but not least – wohlschmeckender Kokoskuppeln. Sehenswert: Pfarrkirche zur hl. Margareta, Dreifaltigkeitssäule; *Information:* Stadtgemeinde Traiskirchen, Tel. 02252/526 110

Trautmannsdorf
Die Agrar- und Weinbaugemeinde mit ihrem barocken Torbogen schmiegt sich anmutig an die romantischen Leithaauen. Ideal als Ausgangspunkt für ausgedehnte (Rad-)Wanderungen und Spaziergänge. *Information:* Gemeindeamt Trautmannsdorf, Tel. 02169/22 46

Triestingtal
Kaum woanders läßt sich der strukturelle Wandel der letzten Jahrzehnte so gut nachvollziehen wie zwischen → Leobersdorf und → Weissenbach. Anhand der Industriegeschichte des Tals läßt sich von den vorindustriellen Anfängen bis zu den hoch- und spätgründerzeitlichen Industrieformen eine fast beispielhafte Industriearchäologie dokumentieren. Der Waldreichtum sowie die Wasserkraft der Triesting und ihrer Nebenbäche bildeten die natürlichen Grundlagen für den rasanten Aufstieg. Die reichen Buchen- und Föhrenwälder waren der Grundstoff zur Erzeugung von Holzkohle, dem einzigen vor- und frühindustriellen Brennstoff mit hohem Heizwert. Das Wassergefälle der Triesting war Antriebskraft für die zahlreichen Mühlen und Sägewerke, in denen ungarisches Getreide gemahlen und das Holz der Wälder zu Brettern und Pfosten verarbeitet wurde. Zusätzlich war aber das Triestingtal auch einer der wichtigsten Verkehrswege aus dem → Wiener Becken ins Viertel unter dem Wienerwald und in

Das Schulgebäude von Ternitz besticht durch „Zuckerbäcker-Architektur".

die Steiermark. Mit der Eröffnung der Südwestbahn 1877 (→ Leobersdorf–St. Pölten) wurde die Verkehrslage optimiert. *Information:* Tourismusverband Thermenregion-Wienerwald, Tel. 02252/44 53 117

Trumau
Seit 1839 bestand hier, dem einstigen größten landwirtschaftlichen Betrieb des Stifts Heiligenkreuz, eine Baumwollspinnerei, die allerdings der „Textilkrise" Mitte der Siebziger zum Opfer fiel. *Information:* Gemeindeamt Trumau, Tel. 02253/62 45

Tullnerbach
Der Markt – 1873 von → Pressbaum getrennt – in der Nähe des Wienerwaldsees, auf dem 1901 der österreichische Flugpionier Ing. Wilhelm Kreß einen mißglückten Flugversuch unternahm, war und ist eine beliebte Sommerfrische. Mitte der sechziger Jahre des 19. Jh.s „entdeckten" die ersten Wiener den lieblichen Ort im → Irenental, Anfang der achtziger Jahre setzte der Fremdenverkehr so richtig ein. Der Opernlibrettist Richard Genée schrieb hier u. a. die Libretti zu *Eine Nacht in Venedig* und *Der Bettelstudent.* Die Architekten Anton Honus und Anton Lang errichteten hier 1887/88 zehn Villen, die – für die damalige Zeit ungewöhnlich – erst gebaut und dann verkauft wurden. Ebenfalls in dieser Zeit – 1881–1890 – wurde das sogenannte „Norbertinum" fertiggestellt: Ursprünglich eine Erziehungsanstalt für Knaben, in der heute verschiedene landwirtschaftliche Fachschulen untergebracht sind. Daß hier die Industrie noch keinen Einzug gehalten hat und die Luft besonders gut sein muß, beweist das Anfang des 20. Jh.s gegründete Erholungsheim Wilhelmshöhe, das vom Roten Kreuz als Lungenheilanstalt genutzt wird. Ausflugsziele: u. a. Wienerwaldsee, → Irenental, Ameisenberg, Troppberg, Buchberg, → Laab im Wald, Breitenfurt, Kleiner Semmering; *Information:* Marktgemeindeamt Tullnerbach, Tel. 02233/22 88

Via Sacra
Wen die Motorisierten nicht stören, kann diesen alten Pilgerweg, der von Wien aus über die Triester Straße nach Süden führte und bei → Maria Enzersdorf in den Wienerwald einbog, auch heute noch begehen. Als Ausgangspunkt schlagen wir aber nicht den traditionellen Treffpunkt auf der Wieden, sondern den Marktplatz von → Perchtoldsdorf vor. Von hier führt die gut beschilderte Strecke zuerst einmal über Teufel- und Höllenstein (sic!). Dann geht es über Sittendorf zum Stift → Heiligenkreuz, von da nach → Mayerling und Maria Raisenmarkt. Via Peilstein erreicht man Nöstach und die Wallfahrtskirche am Hafnerberg. Schließlich kommt der Heilsuchende nach Kleinmariazell und von hier nach Kaumberg, wo man sich ein Lager für die Nacht suchen sollte. Weiter geht es über Kieneck und Unterberg nach Rohr im Gebirge, dem zweiten Nachtlager. Am dritten Tag führt einen die Pilgerreise nach St. Ägyd, von wo aus man über das Kernhofer Gscheid und Kreuzberg ans Ziel Mariazell gelangt.

Vösendorf
Der Markt bei Wien ist heute in aller erster Linie als Wirtschaftszentrum bekannt. Hier befindet sich die Shopping

City Süd (SCS), der Konsumtempel schlechthin. Und die Freizeitanlage City Club bietet karibisch anmutende Atmosphäre. Sehenswert: gotische Pfarrkirche (mit romanischen Mauerteilen; 1628 in die heutige Form gebracht), Schloß (Wasserburg), deren heutige Gestalt aus der 2. Hälfte des 17. Jh.s stammt; Ausflugsziele: u. a. → Gumpoldskirchen, → Mödling, → Baden; *Information:* Gemeindeamt Vösendorf, 01/691 666-23

Waidmannsfeld
Schon einige Kilometer vor der Ortstafel erinnert ein Schild an die wohl prominenteste Waidmannsfelderin: Michaela Dorfmeister, die bei den Olympischen Winterspielen 1998 eine sensationelle Silbermedaille im Super-G gewann. Die Skirennläuferin und die größtenteils auf Waidmannsfelder Gemeindegebiet stehende Papierfabrik Bunzl & Biach sind die berühmtesten „Aushängeschilder" des Orts. 1866 erwarben Ignaz Ortmann und August Kruss eine Schwertfabrik, gründeten eine Kunstwollfabrik und Spinnerei und bald darauf auch eine Deckenweberei. Durch die Eröffnung der Südwestbahn (1877) von → Leobersdorf nach → Gutenstein nahm das Unternehmen einen gewaltigen Aufschwung und wurde zum Haupterwerbszweig eines Großteils der Bevölkerung. 1885 veräußerte Ortmann die Fabrik an Julius Bunzl. 1888 wurde sie von der Firma Bunzl & Biach übernommen. Nach verschiedenen Eigentümerwechseln gehört das Unternehmen heute einem schwedischen Konzern. Viele historische Bauten und Einrichtungen wie die Bunzl-Villa, die Beamten- und Arbeiterkolonie, das Kinderheim oder die Herzbergvilla gehen auf die Initiative Hugo Bunzls zurück. Ausflugsziele: Naturpark → Hohe Wand, Biedermeier-Radwanderweg (→ Piestingtal); *Information:* Gemeindeamt Waidmannsfeld, Tel. 02632/72 231

Waldegg
Wenn Sie sich das nächste Mal über einen allzu langsam fahrenden Lkw mit dem „Bau mit"-Logo der Wopfinger Stein- und Kalkwerke ärgern, denken Sie an Waldegg, auf dessen Gebiet sich das Unternehmen befindet. Die ehemals zur Herrschaft → Hernstein gehörende Gemeinde wird 1125 in einer Urkunde des Klosters Göttweig erstmals genannt und umfaßt heute außer dem bereits erwähnten Waldegg auch die Ortschaften Oberpiesting, Oed, Peisching und Dürnbach. Gleich am Beginn des Piestingtals gelegen, siedelten sich Anfang des 19. Jh.s verschiedene Industrien an. 1820 gründete hier der Württemberger Severin Zugmayer ein Metallwarenwerk sowie eines der ersten österreichischen Kupferwalzwerke. Den Grundstock bildeten ein Eisen- und Kupferhammerwerk, das Zugmayer 1817 erworben hatte. Der darin arbeitende „Welische Hammer" war bis 1928 in Betrieb. Seit 1946 befindet sich hier die Landesberufsschule für Tourismus mit angeschlossenem Schülerheim. Ausflugsziele: Naturpark → Hohe Wand, Burg Starhemberg, Hoher (967 m) und Vorderer (925 m) Mandling; *Information:* Tourismusverband Wr. Neustadt–Hohe Wand– Piestingtal, Tel. 02622/29 551

Die Via Sacra wird von zahlreichen Kunstdenkmälern gesäumt.

Walpersbach
Bedeutung erlangte der 1316 erstmals erwähnte Ort Ende des 18. Jh.s, als man in Walpersbach-Schauleiten und in Klingfurth nach Seinkohle zu schürfen begann. In seiner Blütezeit beschäftigte das Bergwerk 200 Arbeiter. 1874 wurde der Abbau allerdings wegen zu geringer Erträge eingestellt, was zu einer gewissen wirtschaftlichen Stagnation führte. Erwähnenswert sind die Grabungen eines Neunkirchner Hobbyarchäologen, der 1988/89 Überreste einer aus dem 12. Jh. stammenden Wehranlage fand. Im Zuge der Grabungsarbeiten stieß man auch auf einige bemerkenswerte Keramikarbeiten, deren Ausführung und Stil sich von bisherigen Funden im deutschen und österreichischen Donauraum wesentlich unterscheiden. Sehenswert: Schloß Schleinz, Pfarrkirche Walpersbach; Ausflugsziele: u. a. zahlreiche Wanderwege, → Wiener Neustadt, → Baden; *Information:* Gemeindeamt Walpersbach, Tel. 02627/48 344

Weikersdorf am Steinfelde
Der Ort entstand Mitte des 11. Jh.s, nachdem ein Ministeriale und Markgraf Otto V. das Gebiet dem Kloster Rein vermachten. Ende des 14. Jh.s wird der Name „Weykersdorf" erstmals erwähnt. Die wirtschaftliche Blütezeit des Ortes beginnt Mitte des 18. Jh.s, als Maria Theresia im → Steinfeld ausgedehnte Föhrenwälder zur Harzgewinnung pflanzen ließ. Heute kann die Gemeinde sogar auf ein Mini-Industriegebiet verweisen. Sehenswert: Pfarrkirche (13. Jh.), Steinfeldhof (16. Jh.); Ausflugsziele: u. a. Naturpark → Hohe Wand, Schneeberg, Rax, → Semmering, → Wiener Neustadt, → Baden, → Bad Fischau; Informationen. Gemeindeamt Weikersdorf a. Steinfelde, Tel. 02638/22 226

Weinbau
Carnuntum
Das kleine Anbaugebiet im Osten von Wien – Leithagebirge, Arbesthaler Hügelland, Hainburger Bergen – erinnert mit seinem Namen an einen einstigen römischen Hauptstützpunkt an der pannonischen Donaugrenze bei → Bad Deutsch-Altenburg. Steinige Kalk- und Lößboden gemeinsam mit dem pannonischen Mikroklima und der Donau bieten ideale Voraussetzungen für den Weinbau und bilden die Grundlage für elegante Weißweine sowie gehaltvolle, kräftige Rotweine. Bekannt sind die Weinbauzentren rund um → Prellenkirchen im Bezirk → Hainburg und die Region um → Göttlesbrunn und → Höflein im Bezirk → Bruck an der Leitha. Dabei bilden sonnenreiche Südhänge am Spitzerberg südlich von Hainburg eine kleine, aber feine Rotweininsel. Blaufränkisch und Portugieser haben hier etwa ein Drittel Anteil an der Fläche. Die Kellergasse von Prellenkirchen, ein Weinbaumuseum und ein Weinlehrpfad spannen auf anschauliche Weise einen weiten Bogen zwischen Tradition und Gegenwart. Rotweinanbau ist auch bei Göttlesbrunn stark im Kommen. Hier macht sich bereits der positive Klimaeinfluß des nicht sehr weit entfernten Neusiedler Sees bemerkbar. Es ist zudem

ideal für Sorten aus der Familie der weißen Burgunder und den Welschriesling. Noch relativ häufig findet man hier den „gemischten Satz", Rieden, die mit mehreren Sorten bepflanzt sind – eine Tradition, die mit neuerdings interessanten Weinen wieder Zukunft haben kann. Die Weißweine des Weinbaugebiets Carnuntum zeichnen sich durch Frische und elegante Fruchtigkeit aus. Am besten kommen diese Vorzüge in einem Jungwein zur Geltung, dem seit 1988 von mehr als 50 Winzern gekelterten Primus Carnuntum. „Der Erste" zu sein ist für die Winzer keine Frage des Lesetermins, sondern der Reife, was dem Primeur aus Carnuntum – ein Kabinettwein aus der Sorte Grüner Veltliner – sehr zugute kommt. Durch die entsprechende Reife bewahrt er seine Qualität über den nächsten Jahrgang hinaus. Zudem hat die junge Winzergeneration das große Potential der Rotweine dieses Gebiets neu entdeckt. Während das Mikroklima im Raum Leithagebirge und Arbesthaler Hügelland die Sorte Zweigelt begünstigt, hat der Blaufränkische rund um die Hainburger Berge eine lange Tradition. Der Rubin Carnuntum ist eine Cuvée, der durch eine der beiden Leitsorten geprägt ist. Die gebietstypischen Merkmale sind ein zartfruchtiges Bukett und samtige Tannine.

Winzer im Weinbaugebiet Carnuntum (Auswahl)
Johann Edelmann, Göttlesbrunn, Tel. 02162/83 22
Walter Glatzer, Göttlesbrunn, Tel. 02162/84 86
Hans Grassl, Göttlesbrunn, Tel. 02162/84 83
Gerhard Markowitsch, Göttlesbrunn, Tel. 02162/82 22
Franz Netzl, Göttlesbrunn, Tel. 02162/82 364
Johann Pitnauer, Göttlesbrunn, Tel. 02162/82 49

Thermenregion
Genau genommen müßte die Thermenregion in Wien, beim Kurzentrum Oberlaa beginnen, denn dort befindet sich mit einer warmen Heilquelle deren nördlichster Ausläufer. Auch wenn man den anderen Überbegriff für diese südlich von Wien verlaufende Weinregion – die „Südbahnlinie" oder „Südbahnregion" – verwendet, ändert das wenig, denn das würde ja wieder nahelegen, daß sie beim Südbahnhof beginnt. Weil man aber eine Weingegend beim besten Willen nicht am Wiener Südbahnhof situieren kann, verlegen wir ihren Ausgangspunkt nach → Perchtoldsdorf. Von dort erstreckt sich das Weinbaugebiet über → Mödling, → Gumpoldskirchen, → Pfaffstätten, → Baden und → Sooß nach → Bad Vöslau schließlich nach → Teesdorf, → Tattendorf und via → Traiskirchen nach → Guntramsdorf. Das genannte Gebiet gehört zum → Wiener Becken, das sich durch eine tektonisch Absenkung gebildet hat und in dem das urzeitliche Meer wogte. Am ehemaligen Ufer, der Abbruchlinie der Alpen, liegen heute jene Hänge, auf denen die Wein-

Johann Edelmann zählt zu den engagiertesten Winzern von Göttlesbrunn.

reben beste Wachstumsbedingungen vorfinden. Die Weine der Thermenregion zeichnen sich in der Regel durch ihre hohe Reife und kraftvolle Struktur aus, wobei es ihnen selten an ausreichender Säure fehlt. Dennoch erzielen relativ bukettarme Sorten wie die Thermen-Spezialitäten Zierfandler, (Spätrot) Rotgipfler und Neuburger sowie die gesamte Familie der weißen Burgunderreben hier bessere Ergebnisse als Sorten wie Sauvignon blanc oder Riesling. Während zwischen Perchtoldsdorf und Gumpoldskirchen vor allem die Weißweine dominieren, erreichen in Sooß, Bad Vöslau und der „Rotweininsel" um Teesdorf und Tattendorf die Rotweine – vor allem der Blaue Portugieser – zumeist höhere Qualitäten

Winzer des Weinbaugebiets Thermenregion (Auswahl)
Karl Alphart, Traiskirchen, Wiener Straße 46, Tel. 02252/52 328
Familie Auer, Tattendorf, Pottendorferstraße 14, Tel. 02253/81 251
Leopold Aumann, Tribuswinkel, Oberwaltersdorferstraße 105, Tel. 02252/80 502
Johann Barbach, Perchtoldsdorf, Rudolfgasse 8, Tel. 0222/869 83 78
Manfred Biegler, Gumpoldskirchen, Wiener Straße 16–18, Tel. 02252/62 196
Engelbert und Christian Fischer, Sooß, Hauptstraße 33, Tel. 0 22 52/87 1 30
Alfred Freudorfer, Gumpoldskirchen, Wiener Straße 21, Tel. 02252/62 497
Rudolf Gausterer, Guntramsdorf, Laxenburger Straße 20, Tel. 02236/53 4 06
Johann Gisperg, 2524 Teesdorf, Hauptstraße 14, Tel. 02253/81 464
Karl Grabner & Sepp Schierer, Sooß, Hauptstraße 55, Tel. 02252/87 3 92
Franz und Antonia Kurz, Gumpoldskirchen, Neustiftgasse 13, Tel. 02252/62 414 (Heuriger: 2340 Mödling, Templergasse 2, Tel. 02236/44 210)
Karl Rabl, Perchtoldsdorf, Elisabethstraße 27, Tel. 0222/86 98 377
Johannes und Veronika Reinisch, Tattendorf, Im Weingarten 1, Tel. 02253/81 423
Andreas Schafler, Traiskirchen, Wiener Straße 9–11, Tel. 02252/52 378-0
Johann Sonnleitner, Gumpoldskirchen, Wiener Straße 13, Tel. 02252/62 168
Johann Stadlmann, Traiskirchen, Wiener Straße 41, Tel. 02252/52 343
Streiterhof, Anton Märzweiler, Baden, Leesdorfer Hauptstraße 64, Tel. 02252/80 253
Richard Thiel, Gumpoldskirchen, Badenerstraße 11, Tel./Fax 02252/62 372
Woltran & Hudribusch, Perchtoldsdorf, Neustiftgasse 27, Tel. 0222/865/76 76
Harald Zierer, Gumpoldskirchen, Badenerstraße 36, Tel. 02252/62 169

Weissenbach an der Triesting
Das heute beliebte Wander- und Kletterparadies an der Einmündung des Further Baches wurde 1353 erstmals urkundlich erwähnt. Bedeutung erlangte die Gemeinde vor allem als Industrieort. Hier ist bereits seit dem 14. Jh. die Verarbeitung von Eisen nachweisbar. Mitte des 18. Jh.s wurde hier die „Nürnberger Messingwarenfabrik" gegründet, und seit 1803 bestand im Sullnhof eine chemische Fabrik zur Erzeugung von Vitriol. Die Eröffnung der Südwestbahn (1877) brachte der Gemeinde sowohl wirtschaftlichen als auch touristischen Aufschwung. Sehenswert: Burg Neuhaus, Herz-Jesu-Pfarrkirche;

Ausflugsziele: u. a. Peilstein, Steinwandklamm; *Information:* Gemeindeamt Weissenbach a. d. Triesting, Tel. 02674/258

Wiener Becken
Es umfaßt die dreieckförmige Beckenlandschaft südlich der Donau. Dabei handelt es sich um ein Grabenbruchsystem – entstanden am Beginn des Jungtertiärs –, das sich in einer Länge von 200 km von → Gloggnitz im Süden nach Mähren erstreckt. Es schließt sowohl das Marchfeld als auch den östlichen Teil des Wienerwalds mit ein. Schwache Erdbeben und zahlreiche warme Heilquellen (→ Baden, → Bad Vöslau, → Bad Deutsch-Altenberg) beweisen die heute noch andauernden geologischen Veränderungen. Das von Südwesten nach Nordosten gesenkte Wiener Becken ist zwischen Wiener Pforte und Hainburger Pforte ca. 60 km breit und wird von Wienerwald, Thermenlinie (→ Weinbau), → Semmering, → Buckliger Welt, Rosaliengebirge, Leithagebirge sowie den Hundsheimer Bergen begrenzt. Gegliedert ist das Wiener Becken in vier Gebiete: Platten- und Hügelland an der Donau (Hauptorte: Wien, → Schwechat, → Bruck an der Leitha), „Feuchte Ebene" (Hauptorte: → Ebreichsdorf, → Mitterndorf an der Fischa), Thermenregion (Hauptorte: → Perchtoldsdorf, → Brunn am Gebirge, → Maria Enzersdorf am Gebirge, → Mödling, → Gumpoldskirchen, → Pfaffstätten, → Baden, → Bad Vöslau) und das Steinfeld (Hauptort: → Wiener Neustadt). Die wichtigsten Fließgewässer sind Schwarza, Pitten, Piesting, Triesting, → Wiener Neustädter Kanal, Leitha und Fischa. Wesentlichste Industriezweige: Chemie und Kunststoffe, Textilien, Bekleidung, Papier, Nahrungsmittel und Glas sowie industrienahe Dienstleistungen und Einzelhandel (Shopping City Süd).

Wiener Neudorf
Das Industriezentrum Niederösterreich-Süd erstreckt sich heute über die Gemeinden Wiener Neudorf, Biedermannsdorf, Laxenburg und Guntramsdorf und liegt auf dem 1945 zerstörten Gelände der „Ostmark-Werke". Rund 280 Firmen haben hier eine Niederlassung. Sehenswert: Pfarrkirche Maria Schnee (spätbarocke Kuppelkirche; 1778); Ausflugsziele: u. a. → Laxenburg, → Brunn am Gebirge; *Information:* Gemeindeamt Wiener Neudorf, Tel. 02236/625 013-6

Wiener Neustadt
In „Nova Civitas" verlief zumindest am Anfang alles planmäßig: 1194 wurde unter Herzog Leopold V. der Bau der „Neuen Stadt" beschlossen und genaue Pläne über die Anordnung von Toren, Kloster- und Burgbauten über einem rechteckigen Sadtgrundriß mit Rastersystem entworfen. Im 15. Jh. erlebte die Stadt als zeitweilige Residenz von Kaiser Friedrich III. ihre Blütezeit. Sie brachte namhafte Persönlichkeiten nach Wiener Neustadt, was eine lebhafte Bautätigkeit zur Folge hatte (Gruftkapelle Friedrichs III., Hallenkirche mit bedeutenden Glasgemälden). 1487 gelang dem Ungarnkönig Matthias Corvinus nach fast zweijähriger Belagerungszeit die Einnahme Wiener Neustadts; er stiftete der wehrhaften Bürgerschaft den Corvinusbecher. Maximilian I., Sohn Friedrichs III., eroberte seine Vaterstadt drei Jahre später zurück. 1752 gründete Maria Theresia in der Burg ein „adeliges Kadettenhaus", das später als Militärakademie zur einzigen Ausbildungsstätte für Offiziere in Österreich wurde. Aufgrund seiner Lage an der Nord-Süd-Verbindung im Osten – Südbahn – ist Wiener Neustadt auch heute ein ernstzunehmender Wirtschaftsstandort. Von sich reden machte man durch die in letzter Zeit hier stattfindenden kulturellen Highlights wie das Rolling-Stones-Konzert. Der Bezug der Wiener Neustädter zur Musik ist aber auch in deren Vergangenheit zu suchen. Hier entwickelte Josef Matthias Hauer um 1911 vor Arnold Schönberg ein System zur Zwölftonmusik. Sehenswert: u. a. Stadtmuseum, Rathaus, Dom, Reckturm, Stadtmauer, Stadttheater, Industrieviertelmuseum; Ausflugsziele: Naturpark → Hohe Wand, Schneeberg, Rax, → Semmering, Wechsel, Neusiedler See; *Information:* Tourismusverband Wr. Neustadt–Hohe Wand–Piestingtal, Tel. 02622/29 551

Der Gumpoldskirchner Gottfried Schellmann ist ein Weinbaupionier.

Wiener Neustädter Kanal
Die Vorgeschichte des Kanals war von der Utopie geprägt, Wien mit der Hafenstadt Triest zu verbinden. Einerseits wollte man damit den stark gestiegenen Handelsverkehr bewältigen und die immensen Transportkosten reduzieren. Andererseits sollte der Absatz von Mineralkohle gefördert werden, da es infolge des hohen Verbrauchs an Holzkohle zu schlimmen Überschlägerungen der Wälder gekommen war. Schließlich machte die „Wiener Neustädter Steinkohlengewerkschaft" dem Kaiser den Vorschlag, einen Schifffahrtskanals von der Gegend um Schottwien (→ Semmering) nach Wien zu bauen. Ursprünglich wurde dann eine Variante festgelegt, die von Wien bis → Wiener Neustadt, von da nach Ödenburg und über Raab bzw. Marburg nach Triest führen sollte. 1797 wurde bei Guntramsdorf mit den Grabungen begonnen. 1803 war er bereits bis Wiener Neustadt fertiggestellt. Die Weiterführung nach Ödenburg scheiterte jedoch am Widerstand ungarischer Magnaten. Die Gesamtlänge belief sich auf 56 km mit einem Gesamtgefälle von 93 m. 52 Schleusenkammern und 12 Aquädukte waren notwendig, um das Kanalbett über Flüsse und Straßen zu führen. Gespeist wurde die Wasserstraße durch den sogenannten Kehrbach, der schon um 1200 bei → Neunkirchen von der Schwarza abgeleitet worden war. Der Transport der Waren erfolgte mittels Lastkähnen, die von nur einem Pferd gezogen werden konnten und eine maximale Tragfähigkeit von 30 Tonnen hatten. Mit dem Aufkommen der Eisenbahnen wurde der Kanal immer unrentabler und letztendlich mit dem Bau der Aspangbahn – die zum Teil parallel zum Kanal verlief – unnötig. Der Staat verkaufte ihn an eine Aktiengesellschaft, die ihn zu Beginn des 20. Jh.s endgültig stillegte. Seit 1956 ist er im Besitz des Bundeslands Niederösterreich. Entlang des Kanals befindet sich heute ein Radwanderweg von → Biedermannsdorf nach → Kottingbrunn.

Wiesmath
Im Zusammenhang mit einem Kauf der Herrschaft Kirchschlag wird „Wiesmarcht" 1285 das erste Mal urkundlich erwähnt. 1441 schenkte Erzbischof Konrad I. von Salzburg dem Stift Reichersberg den Feld-, Wein- und Blutzoll der Pfarre „Bramberch", zu der auch Wiesmath gehörte. In der zweiten Hälfte des 16. Jh.s erhielt die Gemeinde das Recht, an jedem Sonntag einen Wochenmarkt abzuhalten, wodurch sie sich zu einem Wirtschaftszentrum der vorderen → Buckligen Welt entwickelte. Aufgrund der guten Infrastruktur konnte Wiesmath diesen Status bis heute beibehalten. Sehenswert: barocke Pfarrkirche, Mariensäule, Florianisäule; Ausflugsziele: Sperkerriegel, Annaberg; *Information:* Gemeindeamt Wiesmath, Tel. 02645/22 310

Winzendorf-Muthmannsdorf
Die Marktgemeinde am Fuß der → Hohen Wand kann mit einem ganz besonderen, in Europa einzigartigen steinzeitlichen Fund aufwarten: 1859 wurden am Eingang zum ehemaligen Kohlenbergwerk „Gute Hoffnung" Knochenreste des „Struthiosaurus austriacus" gefunden. Abgüsse der Knochen können in Muthmannsdorf besichtigt werden. Seit einigen Jahren finden in dem stillgelegten Steinbruch von Winzendorf Karl-May-Festspiele statt. Bereits Tradition haben die Niederösterreichischen Meisterkonzerte in der Pfarrkirche in Muthmannsdorf. Sehenswert: Pfarrkirchen in Winzendorf und Muthmannsdorf, Burgruine Emmerberg; Ausflugsziele: u. a. Naturpark → Hohe Wand, Piestingtal, → Wiener Neustadt, → Bad Fischau-Brunn, Thermenregion (→ Weinbau), Schneeberg, Rax, → Semmering; *Information:* Gemeindeamt Winzendorf-Muthmannsdorf, Tel. 02638/22 212

Wolfsgraben
In einem Kauf- und Tauschbrief Kaiser Ferdinands I. übereignet er im Juli 1533 sein „Holz, so nennt man den Wolfsgraben" dem Konvent des Jungfrauenklosters St. Lorenz in Wien. Wie die meisten Orte im näheren Umkreis der Metropole ist auch Wolfsgraben für lange Zeit Holzlieferant. Heute ist die Gemeinde ein beliebter Zweitwohnsitz der Städter sowie Ausgangs- und Endpunkt zahlreicher Wandermöglichkeiten. *Information:* Gemeindeamt Wolfsgraben, Tel. 02233/72 12

Wolfsthal
In unmittelbarer Nähe zur Slowakischen Republik und direkt am Donau-Radwanderweg gelegen, ist Wolfsthal ein vorzüglicher Ausgangspunkt für (Rad-)Wanderungen. Bei guter Witterung hat man einen wunderbaren Fernblick bis weit in die ungarische Tiefebene und zur „Porta Hungarica". *Information:* Gemeindeamt Wolfsthal, Tel. 02165/626 760

Das Hauptschiff des Wiener Neustätter Domes

Wöllersdorf-Steinabrückl
Im Raum Wöllersdorf-Steinabrückl – am Eingang zum → Piestingtal – siedelten bereits Illyrer, Kelten und Römer. Wöllersdorf, dessen Name slawischen Ursprungs ist, ist wahrscheinlich eine Gründung des 9. Jh.s. „Steinabrückl" ist vermutlich auf eine römische Steinbrücke zurückzuführen, die über die Piesting führte. Die erste urkundliche Nennung von „Welansdorf" ist 1165, die von „Staynenprukh" 1244. Aufgrund der Nähe zur Thermenlinie (→ Weinbau) wurde hier seit römischer Zeit Weinbau betrieben, was heute aber nur noch in sehr geringem Ausmaß der Fall ist. Im Ersten Weltkrieg befand sich auf dem Gebiet des heutigen Industrieparks eine Munitionsfabrik. 1972 wurden beide Orte zusammengeschlossen. Sehenswert: Pfarrkirche mit Rokokokanzel und Altarbildern aus dem Umkreis von A. F. Maulbertsch, Höhlturm mit Aussichtswarte; Ausflugsziele: → Piestingtal, Naturpark → Hohe Wand, Burg Starhemberg, → Wiener Neustadt; *Information:* Gemeindeamt Wöllersdorf-Steinabrückl, Tel. 02633/423 200

Zierfandler
→ Weinbau

Zillingdorf
Die erste Beschreibung des Orts datiert von 1411, die erste Beschreibung seiner Grenzen von 1450; 1455 wurde Zillingdorf zum Markt erhoben und war wohl einer der bedeutendsten Grenzorte dieser Gegend. 1493 kommt der ursprünglich im Komitat Ödenburg gelegene Ort zur Propstei der regulierten Chorherren zu Wiener Neustadt. Als 1786 das Bistum Wiener Neustadt aufgelassen wird, wird Zillingdorf bis zu Auflösung des Herrschaftsverbandes 1848 Teil der Staatsherrschaft Wiener Neustadt. Einige Bedeutung erlangte Zillingdorf im 19. Jh.: Denn infolge des Baus des → Wiener Neustädter Kanals kam es zu einer Ausweitung des Kohlenbergbaus. Im Jahr 1820 erfolgte die Eröffnung der Zillingdorfer „Commercialstraße" und die Einrichtung eines Hauptzollamtes. Im 20. Jh. entstand durch die Förderung von Braunkohle im Tagebau sogar eine Bergwerkskolonie. 1933 wurde der Betrieb allerdings schon wieder eingestellt. Sehenswert: Pfarrkirche, Dreifaltigkeitssäule, Urtelkreuz; *Information:* Gemeindeamt Zillingdorf, Tel. 02622/73 290

Für Rat und Tat während der Entstehungszeit dieses Buches bedanken sich die Autoren herzlich bei

Christian Ludwig Attersee, Hubert Aratym, Anna Gröger, Auguste Kern, Klaus Merkl, Evelyn Oswald, Erich Schabus, Christine Stein, Ulrike Stastny und Evelyne Finger.